Dette er Mathias' dybt personlige beretning om sit liv og sin dagligdag. På nogle måder er historien velkendt for mig, for også jeg er vokset op nordenfjords og har haft mange af de samme drømme og håb og tanker. På andre måder er historien et nyt indblik for mig, for jeg har ikke på egen krop oplevet den klientgørelse, som Mathias har kæmpet for at komme fri af, så han kan blive set som det reflekterede og reflekterende menneske, jeg kender ham som, og som et menneske, der stræber mod at blive den bedste version af sig selv.

Mathias' beretning er nemlig samtidig en kritik af tingenes tilstand i psykiatrien i Danmark. Jeg kender Mathias som et politisk menneske med et skarpt blik på den verden, han færdes i, og det skinner igennem. Læs hans bog og forstå noget, du måske ikke vidste at du havde brug for at forstå.

Hans Hyttel

"Alt er muligt"

Indledning

Når aviser og TV viser debatter, tal og statistikker over, hvor mange midler der skal afsættes til social- og velfærdsområdet, til førtidspensioner, psykiatrien og alt det andet, så gemmer der sig mennesker bagved tallene. Jeg er et af de mennesker, der gemmer sig bagved tallene. Et af de mennesker, der er en udgift, og som er blevet arbejdet med. Endda et af de meget tunge tilfælde og det blev forudsagt, at mit liv skulle forløbe indenfor rammerne af en psykiatrisk institution. Jeg er dog også mere end det. Jeg er en person, der efter et halvt liv i psykiatrien har kæmpet mig ud af psykiatrien, som jeg oplevede gjorde mere skade end gavn. Jeg har haft et liv i politik og været opstillet til kommunalvalg og regionsrådsvalg. Jeg har på egen hånd - uden hjælp fra nogen - skaffet mig jobs og indhold i tilværelsen. Jeg har gjort en forskel for mange mennesker og været nomineret til Aalborg kommunes handicappris.

Jeg er 44 år, mit navn er Mathias og jeg har kaldt min historie "Alt er muligt", fordi det, jeg i min ungdom troede var helt umuligt og urealistisk for mig, senere i livet viste sig at være muligt. De håb og drømme, som jeg i min ungdom havde for livet, forsøgte læger og sygeplejersker at tage fra mig, da jeg kom i psykiatrien, men de fik ikke ret. De fik i hvert fald ikke ret med det hele. Psykologerne var ikke bedre. De ville have mig til at affinde mig med, at min situation ikke blev anderledes, men jeg trodsede deres negative spådomme og nåede flere af mine mål.

Jeg håber, at jeg med min historie kan give håb om at få et godt liv til dig, der er ung og lige er kommet i psykiatrien. Eller være til inspiration for dig, der måske har levet med psykiatri i mange år og mistet troen på, at et bedre liv er muligt.

Jeg er født på Hjørring Sygehus og opvokset i en lille flække mellem Hjørring og Sindal. Mit barndomshjem lå i Sindal kommune, selvom det lå tættere på byen Hjørring.

I min barndom var Sindal kommune en nærig Venstre kommune, der helst ikke ville bruge de nødvendige midler på borgerne. Når man kom kørende ad Astrupvej fra Hjørring til Sindal dengang, så man straks, når man passerede kommunegrænsen og kørte ind i Sindal kommune, for så var vejen mindre velholdt. Kommunen ville heller ikke betale for, at jeg som barn kunne få rettet mine skæve tænder, selvom skoletandplejeren sagde til min mor, at havde det stået til hende, skulle mine tænder være blevet rettet.

Min tandlægeskræk blev grundlagt i min barndom hos skoletandplejeren. Der var altid sure opstød og sure, opgivende miner fra tandplejeren, når jeg skulle have min dom ved det halvårlige tandeftersyn. Jeg tror ikke, at hun forstod, hvor svært det var for mig at komme omkring mine tænder med tandbørsten, når mine tænder var så skæve og sad, som de gjorde. Dengang brugte man også kviksølv til fyldninger i tænderne og lattergas til bedøvelse og det er jo siden blevet kritiseret. Jeg kunne nu godt lide fornemmelsen, når jeg blev bedøvet med lattergas og det snurrede i hele kroppen.

Tandlægeskrækken blev ved med at sidde i mig, så den dag i dag er det stadig forbundet med angst for mig at skulle til tandlægen.

Mange psykisk syge får i øvrigt problemer med tænderne, fordi meget psykofarmaka giver mundtørhed og også fordi, at psykofarmaka simpelthen kan gøre dig så træt og udmattet, så du ikke orker børste tænder ordentligt hver dag. Tandlægeregninger er også umenneskelig dyre og jeg vil virkelig håbe, at det en dag bliver gratis at gå til tandlægen, ligesom det stadigvæk er gratis at gå til lægen.

Mine skæve tænder var noget af alt det, jeg blev mobbet med i skolen. Jeg gik på den nu nedlagte Rudolf Steiner skole på Vester Thirupvej i Hjørring. Min mor og far ville gøre det så godt for mig, så jeg skulle gå på en privatskole i stedet for en folkeskole, men at sætte mig på en Rudolf Steiner skole blev dog at gøre mig en stor bjørnetjeneste. Faktisk kom det til at ødelægge mit liv.

Jeg har mødt flere mennesker, der var af den opfattelse, at Rudolf Steiner skolerne er en god friskole, der lægger vægt på det kreative. Det var også det, som mine forældre troede, da de satte mig på skolen. Dette er dog ikke tilfældet. Kort fortalt bygger Rudolf Steiner skolerne på den nyreligiøse bevægelse Antroposofi, som den okkulte Rudolf Steiner fandt på og skrev bøger om. Biodynamisk landbrug, hvor man dyrker efter astrologi og hvordan planeterne står på himlen, er en del af Rudolf Steiners okkulte tanker.

I Hjørring ligger også den alternative butik Aurion, der har rødder i samme antroposofi, og ligeledes det populære "Kornets hus" ved Harken bygger på antroposofi.

I praksis kom antroposofien til udtryk i undervisningen på Rudolf Steiner skolen på flere måder. Vi lærte om okkulte ting uden hold i virkeligheden og vi skulle tegne tegninger efter Rudolf Steiners mærkelige tegnestil og lave Rudolf Steiners mærkelige "bevægelseskunst". Det, der gjorde skade på mig, var Rudolf Steiners pædagogik med, at eleverne skal opdrage hinanden og at de voksne ikke blander sig. Dette betyder i praksis ofte årelang grov mobning, vold og krænkelser. At lærerne ofte er dårligt uddannet både fagligt og pædagogisk, fordi de er hentet fra Rudolf Steiner miljøet eller uddannet indenfor det, gjorde bare det hele værre. Det gjorde heller ikke det hele bedre, at en del børn med store problemer blev flyttet til Rudolf Steiner skolen fra folkeskolerne, fordi det var billigere for kommunen end at tilbyde den nødvendige hjælp.

Jeg er naturligvis ikke den eneste, der har lidt skade af Rudolf Steiner skolerne. Jeg husker flere avisoverskrifter fra Nordjyske både om knivstikkeri blandt børnene og mistanke om seksuelle overgreb på Rudolf Steiner skolen i Aalborg.

Der var en periode på et par måneder, hvor en anden elev brugte hvert frikvarter på at slå og sparke mig. Jeg fik slået et lille hjørne af min ene fortand, men læreren, som jeg fortalte det til, slog det hen som ingen ting. Jeg blev ved en anden lejlighed slået i hovedet, så jeg fik et blåt øje og blødte. Det værste var dog ydmygelserne. At blive slået i offentlig transport - tog og bus - mens de andre passagerer så det og vendte det blinde øje til. At blive kaldt ydmygende og nedværdigende ting i andre menneskers påhør. Isolationen i frikvartererne og fritiden, fordi jeg ingen venner havde, var med til at berøve mig muligheden for at gennemgå en normal udvikling og leve et normalt ungdomsliv.

Der var faktisk også episoder, hvor lærerne slog, selvom det var ulovligt.
Min mor og far snakkede om, at jeg skulle skifte skole, men jeg var nedbrudt, havde ingen selvtillid, var angst for alt nyt og jeg turde derfor ikke skifte skole. Af samme grund fortsatte jeg på Rudolf Steiner skolen i Aalborg, da Rudolf Steiner skolen i Hjørring kun gik til 8. klasse.

Jeg skammede mig over den mobning, som jeg blev udsat for, så jeg fortalte ikke om den. I stedet var jeg bare meget vred derhjemme. Min vrede over det, jeg blev udsat for i skolen, lod jeg mest gå ud over min ældste lillesøster. Jeg var altid sur på hende og skældte hende ud. Jeg var også misundelig på hende, fordi jeg følte, at alle bedre kunne lide hende end mig.
Vores far rettede meget på mig og skældte mig ud og jeg følte ikke, at jeg kunne gøre noget godt nok.

Det var allerede i min tidlige barndom, at jeg prøvede at miste livslysten og ønske, at jeg ikke var til. Jeg bad til Gud, om han ville gøre sådan, så jeg aldrig var blevet født.

Det værste ved skolen var, når vi skulle på lejrskole, for det betød en uges uafbrudt mobning uden pauser. Jeg husker en lejrskole, hvor vi stod ved en landevej, hvor der kørte nogle lastbiler. Jeg overvejede, om jeg skulle hoppe ud foran en af lastbilerne, så jeg kunne dø og slippe for mobningen.

Jeg fik også gode ting med mig fra min barndom. Selvom mine forældre ikke opdagede min mistrivsel i skolen, var de gode, ansvarlige forældre med gode værdier og en stor omsorg for deres tre børn. Flere gode egenskaber gav de videre til mig.

Min far arbejdede hårdt og sled sig op for at skrabe penge sammen til familien og vi var både på sommerferier i Sverige og skiferier i Norge om vinteren. Som barn tog jeg mine forældres omsorg og at jeg ikke manglede noget materielt for givet.

Min mor og far holdt begge af naturen og vi var på flere gåture i skove og plantager hver uge. Min far tændte også bål i haven og vi lavede snobrød og bagte kartofler i gløderne.

Min bedstefar og bedstemor boede i et flot gammelt rødt murstenshus på Heimdalsvej i Hjørring med skodder ved vinduerne og de flotteste stokroser i haven. Til huset hørte en kælder, hvor min bedstefar havde sit værksted fyldt med alt muligt spændende værktøj og apparater, som jeg som barn ikke kendte navnet på og funktionen af. I kælderen var også et lille rum fyldt med sodavand i alle regnbuens farver. Der måtte min søster og jeg gå ned og udvælge en sodavand, når vi med vores forældre besøgte bedste og bedstefar om søndagen. Mine bedsteforældres hjem står for mig som et godt og stærkt minde, skønt huset i dag er forandret til ukendelighed.

Jeg var på dejlige sommerferier hos min bedstemor og bedstefar. Min bedstefar og jeg cyklede og gik lange ture og min bedstemor læste højt for mig og spillede spil med mig. Min bedstemor læste det ene kapitel efter det andet højt for mig og jeg fik indtrykket af, at hun syntes, at mine børnebøger var ligeså spændende, som jeg selv syntes.

Min bedstemor passede mig efter skole og havde tit lavet flæskesteg, fordi hun troede, at jeg elskede en mad med flæskesteg, agurkesalat og sennep. Jeg spiste da også den ene mad med flæskesteg efter den anden, men i virkeligheden var det, der tiltalte mig ved madderne, at jeg måtte komme ligeså meget sennep på, som jeg ville. Jeg elskede nemlig sennep.

Jeg var et stille, tænksomt barn og nem at passe og jeg gik derfor rigtig godt i spænd med min bedstemor og bedstefar. Min ældste lillesøster var mere "vild".

Min far var spejderfører hos baptistspejderne i flere år og han tog mig med til spejder. Til spejder var jeg dårlig til at binde knob og bruge et kompas, men jeg turde som den eneste fra flokken af jævnaldrende børn gå alene i en skov, når det var mørkt.

Jeg var bl.a. på en spejderlejr, hvor vi sejlede i kano i Sverige, og en spejderlejr på Grønland. På kanoturen gled jeg på nogle glatte klippesten og faldt ned i en sø. Jeg blev forskrækket og begyndte at græde, men jeg kunne dog komme op ved egen hjælp. Mit våde tøj blev efterfølgende hængt til tørre. Jeg havde haft min tegnebog med nogle pengesedler i bukselommen og mine pengesedler blev også sat fast på tørresnoren med en klemme, for det hed sig, at baptistspejdere ikke stjal.

Om sommeren var der ikke sne og is på Grønland. Der var varmt og fyldt med myg, så vi gik med myggenet. En kammerat og jeg kunne have udløst et stenskred ved et uheld. Vi besluttede os nemlig for at kravle op ad et fjeld et sted, hvor der var fare for stenskred, hvilket vi ikke havde opdaget. Vi havde ikke fået at vide, at vi ikke måtte begynde at kravle op ad fjeldet, men der var nok heller ikke nogen af de voksne, der havde kunne forestille sig, at vi kunne finde på at begynde at kravle op af fjeldet på egen hånd.

Til sidst blev det en dårlig oplevelse at gå til spejder, for vi var kun en lille håndfuld børn tilbage og de to andre drenge holdt mig uden for.

I baptistkirken, hvor jeg gik til spejder, fandt mine forældre en privat dagplejer til min ældste lillesøster og mig. Dagplejerens hjem var trygt og alt var forudsigeligt. Jeg spillede fodbold med familiens store drenge og legede med lego med familiens vietnamesiske plejebarn. Nogle gange, når vi spillede Olsen i familiens køkken, eller spillede med bold i familiens store gang, blev det lidt vildt men også rigtig sjov.

Min morfar, som døde tidligt, havde været baptistpræst, og min moster havde arbejdet i Hjørring på Bakken, som var et børnehjem med tilknytning til baptistkirken. Min moster tog to piger, der var lidt ældre end mig, fra børnehjemmet i pleje. Den ene af pigerne Hanne blev også sat på Rudolf Steiner skolen i Hjørring, da min moster udover at komme i baptistkirken også syntes godt om Rudolf Steiners ideer. Hvordan hun kunne forene baptistkirken med Rudolf Steiner er uvist.

Jeg har fået fortalt, hvordan Hanne var misundelig på mig i vores barndom og skulle have behandlet mig grimt. Selv kan jeg ikke huske noget om det. Jeg kan huske, hvordan de voksne altid snakkede om, hvor umulig og problematisk hun var og hvor synd det derfor var for min moster. For mig at se, må det have været de voksne omkring hende, der var problemet, og ikke hende, da hendes adfærd må have været et symptom på mistrivsel. Til gengæld har jeg et tidligt lidt uklart minde, hvor jeg er med min moster på børnehjemmet Bakken og jeg er alene med en dreng, som overfalder mig og slår mig med legetøj.

Hanne endte med at komme i psykiatrien og få en skizofrenidiagnose. At jeg selv senere skulle samme tur igennem, havde ingen kunne forestille sig på det tidspunkt.

Min moster mødte gennem Rudolf Steiner skolen en mand, der også havde børn på skolen. Han forlod sin hustru og flyttede sammen med min moster. Hans to børn fra hans første ægteskab kaldte jeg min "sted-fætter" og min "sted-kusine". Dem havde jeg lidt kontakt med, når de ikke boede hos deres mor, men boede hos min moster og deres far.

I sommerferien efter 10. klasse havde jeg mit første job. Min faster på Fyn havde skaffet mig et job i det fynske rengøringsfirma, hvor hun selv arbejdede, og jeg skulle bo hos hende, mens jeg arbejdede.

Min faster serverede kylling til aftensmad den første aften, men jeg var så angst af det hele, så jeg rystede så meget på hænderne, så jeg døjede med at holde på kniven og gaflen.

Arbejdet var for det meste hårdt for mig; jeg måtte holde ud gennem arbejdsdagen og var godt træt om aftenen. Det var også meget udfordrende for mig at være væk hjemmefra og være i den uvante arbejdssituation.

Jeg fik set de virksomheder, skoler og børnehaver, hvor vi gjorde rent, og det var meget interessant at se de steder indefra. Bl.a. gjorde vi rent på et slagteri i Vejle og på et kraftværk i Odense.

Jeg snakkede kun med en af mine kollegaer. Det var en mand, som kom fra Marokko. En gang skulle han og jeg alene gøre rent på en teknisk skole i Odense en lørdag, hvor skolen var lukket. Han sagde til mig "vi sætter os ind på lærerværelset". På lærerværelset fandt han en pose kaffe og satte kaffe over. Så sad vi på lærerværelset og drak kaffe, mens han snakkede. Så blev han træt af at sidde på lærerværelset og sagde til mig "vi sætter os ud i min bil og hører musik". Så sad vi i hans bil og hørte musik. Den dag var lønnen tjent nemt. Jeg havde ikke min egen mening om tingene og jeg gjorde bare, som min kollega sagde. Jeg var jo angst og det var en udfordring bare at komme igennem dagen. Jeg fortalte ikke noget til min faster.

En dag skulle jeg alene gøre rent på nærpolitistationen i Munkebo. Jeg havde mærkelige tanker om, at politiet forfulgte mig, og var derfor blevet vred på politiet. Det var årsagen til, at jeg, da jeg havde taget opvasken i politistationens køkken, kom lidt opvaskemiddel ned i hver af kopperne, så betjentenes kaffe kunne smage dårligt.

Min timeløn var på 110 kr. Det var mange penge dengang og i den sommerferie fik jeg tjent en god slat penge, selvom jeg nok ikke var den bedst egnede til jobbet. Disse penge brugte jeg senere på at tage kørekort.

Efter 10. klasse startede jeg på Hjørring Gymnasium. Jeg skilte mig ud, fordi jeg bar præg af mobningen og isolationen gennem min skoletid, og så blev jeg mobbet med det. Igen var det værste ved mobningen ydmygelserne. At blive hånet og nedgjort i andres påhør uden at have evnen til at svare igen.

Jeg var helt nedbrudt på Hjørring Gymnasium. Ligeså snart jeg var trådt ind ad gymnasiets dør, kom kvalmen og jeg måtte ud på toilettet og kaste op. Det skete også, at jeg kastede op, mens vi havde undervisning.

Min dansklærer i 1. G, som var en venlig yngre mand, blev også mobbet af eleverne. Han blev mobbet, fordi han var homoseksuel og fordi han havde et glasøje. Der gik rygter om, at en klasse havde mobbet ham så meget, så han var kravlet ind under et bord. Han fik hurtigt et andet job. Modsat mig var han voksen og kunne sige fra overfor mobningen ved at få et andet arbejde. Inden han stoppede, gav han mig et 11 tal for en stil og sagde, at hvis jeg havde lavet afslutningen lidt anderledes, havde det været et klokkeklart 13 tal.

Ellers fungerede det ikke så godt fagligt på gymnasiet. Det gik op for mig, at vi ikke rigtig havde lært noget på Rudolf Steiner skolen, og jeg følte, at jeg skulle til at lære det hele forfra.

Jeg forelskede mig i en pige fra min gymnasieklasse, men jeg turde ikke rigtig snakke med hende, og hun undgik mig. Drengene i klassen talte grimt om hende, fordi hun havde en bygningsfejl med sin næse. En søn af en læge havde fundet den medicinske betegnelse for hendes bygningsfejl og underholdt med det. Jeg syntes, at hun var smuk. Hendes veninde blev også mobbet, men veninndens forældre klagede til gymnasiet og rektor var derfor med i en af vores timer.

Jeg tog mod til mig og ringede en eftermiddag til pigen og inviterede hende med i biografen, selvom vi ikke rigtig havde snakket sammen. Det krævede stor overvindelse at foretage det telefonopkald. Hun ville ikke med mig i biografen.

Til sidst kunne jeg ikke tage på gymnasiet mere og min mor tog mig med til lægen. Da var jeg 17 år. Min egen læge sagde hurtigt, at jeg var skizofren, henviste mig til psykiatrien og fortalte, hvordan resten af mit liv ville blive. Jeg skulle i psykiatrien og ikke uddannes og på arbejdsmarkedet. Psykiatri, institution og medicin skulle blive mit liv og psykisk syge blev 60 år. Mine håb og drømme for fremtiden blev taget fra mig i en alder af 17 år.

Min egen læge sagde om sig selv til flere af sine patienter, at han var maniodepressiv. Det var en kendsgerning, at han nogen gange kunne være overstrømmende venlig, fortælle patienterne om sig selv og sit privatliv og tage sig god tid til lange snakke, selvom venteværelset var fuldt, mens han andre gange var mut og meget ligefrem. Siden fik jeg indsigt i min journal og kunne se, at han havde misforstået en del om mig og min situation og kom med sine egne forkerte negative tolkninger og meninger om mig.

Jeg startede med at komme til ambulante samtaler i psykiatrien. Så blev det en dag for meget med vreden derhjemme og jeg mistede besindelsen og begyndte at råbe. Den indestængte vrede kom den dag ud. Så blev jeg på min egen læges foranledning indlagt på lukket afdeling i Brønderslev.

Det var meget skræmmende og angstprovokerende pludselig at befinde mig på en lukket psykiatrisk afdeling som 17-årig. Det var jo ikke noget, som jeg kendte til. Jeg kendte ikke til meget andet end skolen og mit værelse hos mine forældre. På den lukkede afdeling blev jeg overladt til mig selv og de andre patienter. De andre patienter var voksne, så skræmmende ud og opførte sig mærkeligt. En kvindelig patient hev mig ud på et toilet og ville vaske min trøje. En mandlig patient hoppede op i sengen til mig, stak sin finger ind i min mund, rørte ved mine tænder og spurgte, om de var ægte. Jeg kunne ikke sige fra overfor dem.

Hurtigt blev jeg overflyttet til en åben psykiatrisk afdeling i Hjørring. I 8 måneder var jeg indlagt der. Der fik jeg psykofarmaka, samtaler og en skizofrenidiagnose. Jeg fik ikke omsorg, trøst og forståelse for de hårde ting, som jeg var blevet udsat for. I stedet blev jeg gjort til syndebuk, fordi jeg havde været- og var så vred derhjemme. Det var mig, der blev set som et problem, og ikke dem, som havde gjort skade på mig i skolen. Der var ikke forståelse for, at jeg var ødelagt af mobning. Dengang sidst i 1990'erne kendte man i psykiatrien ikke til mobnings skadevirkninger.

Det føltes dengang underligt, at jeg hver aften skulle tage piller, der lavede mig om inde i hovedet. Jeg mente og mener jo ikke, at det er mig, der er noget galt med, og mig, der skal laves om. Jeg mener, at det var dem, der ødelagde mig med mobning, der var forkerte og skulle laves om. Jeg tog hurtigt 20 kg. på af psykofarmakaen.

Jeg hørte ikke stemmer og jeg så ikke syner. Jeg var meget vred over, at det var mig, der var havnet i psykiatrien, mens dem, der havde ødelagt mit liv med mobningen, havde det godt. Det burde jo være omvendt og det var jo i den grad uretfærdigt. Jeg havde mange mærkelige tanker, men jeg havde jo også gået meget alene gennem min skoletid og ikke haft muligheden for at skabe en fælles referenceramme med jævnaldrende.

Set i bakspejlet er jeg overbevist om, at det var noget helt andet end psykiatri og psykofarmaka, som jeg havde brug for i min tidlige ungdom. Jeg tror simpelthen, at det bedste havde været, at jeg var blevet taget ud af skolen og havde fået lov til at hygge mig med det, jeg interesserede mig for, så stressbelastningen kunne dale, havde mødt nogle gode mennesker og langsomt kunne finde mig selv og komme videre og få det godt gennem gode oplevelser og god og tryg kontakt med andre mennesker. Psykiatrien øgede blot stressbelastningen. Jeg siger altid, at den bedste medicin er gode oplevelser, og det er også min erfaring. For mig at se er psykiatrien ofte blot en dårlig skraldespand, som man kan havne i i mangel på bedre løsninger.

På den åbne psykiatriske afdeling talte personalet meget om, at jeg skulle have sygdomserkendelse. Senere i livet har jeg tænkt en del over, hvornår man egentlig er psykisk syg, og hvornår man er psykisk rask. For mig at se er alle mennesker psykisk syge i forskellig grad. Det, der afgør, om man ender med at få stemplet psykisk syg, er, om man er så hårdt ramt, så man ikke er i stand til at tilpasse sig arbejdsmarkedet.

Blandt mine raske venner er der to, der mistænker sig selv for at have autisme, én, der mistænker sig selv for at have ADHD, to andre er traumeramt, én har haft meget modgang og snakker tit om det, to andre har haft voldsomme misbrugsproblemer og én sidste er gået ned med stress. De passer dog deres job, har ikke været i kontakt med psykiatrien og har ikke fået stemplet psykisk syg.

Så er der også de af mine raske venner, der har en virkelighedsopfattelse, der til tider minder om psykotiske vrangforestillinger. De kan tro på tarotkort, healing eller kristendom. De kan have haft overnaturlige oplevelser. Fx følt sig overvåget af PET i forbindelse med politisk arbejde eller Gud og deres kristne tro har grebet ind i deres liv.

Hvis Jesus kom forbi en psykiater i dag, ville han sikkert få diagnosen skizofreni. Alligevel bygger meget af vores kultur på ham, så man kan sige, at vores samfund hviler på en mands vrangforestillinger og at mange af os deler disse vrangforestillinger. Det almindelige må helt klart være at have en grad af psykisk sygdom, mens det ualmindelige må være at kunne gå igennem livet uden at få psykiatriske symptomer af nogen art.

Selvom mange psykisk syge lever i et parallelsamfund af socialpsykiatri, væresteder, beskyttet beskæftigelse og særlige tilbud, adskiller de sig faktisk ikke så meget fra alle andre. De er blot blevet stigmatiseret og klientgjort af psykiatrien og har derfor ikke kunne eller ville skabe en tilværelse for sig selv med andet og mere udviklende livsindhold.

På den åbne psykiatriske afdeling blev min IQ testet til at være 93. I underkanten af normalområdet. Dette stigmatiserede mig og gjorde mig endnu mere ulykkelig. Jeg havde gennem min barndom trøstet mig med, at når jeg var dårlig til alt andet, var jeg nok i det mindste klog. Nu var jeg ingen ting.

Jeg har altid ville have noget ud af livet i stedet for at give op og affinde mig og det er nok en styrke, selvom det både har ført til sejre og nederlag. Lige da jeg var stoppet med gymnasiet og kort før, jeg kom i psykiatrien, havde jeg derfor ansøgt om at komme til at aftjene mine værnepligt før tiden. Min egen læge forhindrede mig dog i at aftjene min værnepligt.

Jeg ville ikke kun aftjene min værnepligt. Jeg ville også gerne være journalist, så på den åbne psykiatriske afdeling gik jeg i gang med at lave et blad for afdelingens patienter, hvilket jeg gerne måtte. Jeg ignorerede psykiatriens dagsorden med, at jeg skulle klientgøres og tilpasse mig livet som psykisk syg i psykiatrien, og jeg havde min egen dagsorden rettet mod mine håb og drømme for tilværelsen. Jeg var optaget af mine skriverier.

På den åbne psykiatriske afdeling ville de give mig en førtidspension, men jeg takkede nej til førtidspension, da jeg var overbevist om, at jeg skulle genoptage uddannelse og i gang med at arbejde.

På den åbne psykiatriske afdeling viste de mig en psykiatrisk institution i Brønderslev og et psykiatrisk bofællesskab i Hjørring, for at vise mig muligheder for, hvordan jeg kunne bo, når jeg flyttede hjemmefra. Jeg valgte dog i stedet at flytte på et almindeligt kollegieværelse i Hjørring ligesom raske unge, da jeg var overbevist om, at jeg skulle have et helt almindeligt liv.

På den psykiatriske afdeling opfordrede de mig til at sætte mig ind i afdelingens rygerum blandt de andre unge mennesker, der var indlagt, selvom jeg var ikke-ryger, nyde stemningen i rygerummet og prøve at snakke med de andre unge. I det tilfælde faldt jeg desværre i sygeplejerskernes fælde. Jeg endte med at blive ryger, ligesom rigtig mange brugere og også ansatte i psykiatrien var dengang.

Jeg var ryger i de næste 18 år og først som 38årig, da jeg havde sagt farvel til psykiatrien, kunne jeg udelukkende ved egen hjælp stoppe med at ryge.

Jeg blev udskrevet fra åben psykiatrisk afdeling, flyttede på kollegieværelse, begyndte at tage enkeltfag på HF på VUC og begyndte også at tage kørekort. Det var sådan, at jeg helst ville leve mit liv.

I klassen på HF og på køreskolen var jeg meget angst og præget af isolationen og mobningen gennem min skoletid. Jeg sad derfor meget anspændt til undervisningen, snakkede ikke med de andre, havde svært ved bare at koncentrere mig og det var en kamp for mig bare at blive i lokalet.

Kørekortet fik jeg forholdsvis hurtigt, men jeg måtte tage enkeltfag på HF i flere år, før jeg havde en fuld eksamen. Jeg blev dog ikke tryg ved at køre bil og efter et års tid, stoppede jeg med at køre bil, fordi det var for angstprovokerende.

I årene, fra jeg fik kontakt med psykiatrien til jeg flyttede hjemmefra, var min yngste lillesøster, der er 12 år yngre end mig, min eneste ven. Sygeplejerskerne på den åbne psykiatriske afdeling sagde til vores forældre, at de kunne vælge, at jeg ikke skulle have kontakt med min lillesøster, da det var dårligt for hende med min sygdom. Mine forældre svarede, at jeg var meget glad for min søster og de syntes, at jeg skulle have kontakt med hende.

Min søster og jeg gik mange ture i skoven, hvor vi lavede mad på spritkogeapparat, sov i telt og gik og snakkede og opbyggede vores egen hyggelige fantasiverden med sjove historier og sange. Min søster lærte sig selv at spille en af vores sange på sin tværfløjte.

I bunden af vores forældres have byggede jeg en jordhule til min søster. Vores far lavede hulens tag. I hulen havde jeg lavet et ildsted og en skorsten. Min søster og jeg grillede pølser på ildstedet og hang sild op i skorstenen, som vi ville ryge. Dog kom vores kat forbi og spiste sildene.

Min søster siger, at det var hårdt, at jeg var syg og fik alt opmærksomheden fra vores forældre, men hun siger også, at det var fedt at gå ture i skoven med mig og at vi havde vores egen fantasiverden.

Mens jeg boede på kollegieværelse, havde jeg 45 kr. at bruge om dagen på mad og fornødenheder. Jeg havde jo takket Nej til førtidspension. 45 kr. havde en lidt større købekraft dengang. Min far gav mig nogle skemaer, hvorpå jeg nedskrev hver eneste gang, jeg brugte en krone, så jeg kunne holde styr på, at jeg ikke brugte for mange penge. Derved lærte jeg at sætte tæring efter næring og jeg mener, at dette er sundt at lære i sin ungdom.

En dag bankede det på døren til mit kollegieværelse og min "sted-kusine", som jeg sidst havde set i min barndom, stod udenfor. Hun var flyttet ind i kollegieværelset ved siden af, da hun var begyndt at læse til lærer på Hjørring Seminarium efter nogle forgæves forsøg på andre uddannelser. Vi kom til at besøge hinanden lidt, drikke kaffe, spise aftensmad og høre cd'er sammen og ved en lejlighed fik vi også en øl ude i byen.

Ligesom sin mor var min "sted-kusine" dog stor tilhænger af Rudolf Steiners ideer og hun syntes godt om nogle af de lærere og elever, der havde gjort mig ondt i min skoletid. Hun ville ikke erkende, hvad der var overgået mig. Hun endte med at få job på en Rudolf Steiner skole i Sverige.

Senere i livet fik min "sted-kusine" en hård skæbne. Først døde hendes mor af kræft, fordi hendes mor ville have Rudolf Steiners alternative lægekunst som behandling for sygdommen i stedet for almindelig behandling. Så fik hun selv kort efter kræft, som hun ligeledes døde af, fordi hun også valgte Rudolf Steiners lægekunst i stedet for den almindelige behandling.
Ja, med ironi kan det siges, at Rudolf Steiner var et multigeni, der kunne alt fra kunst, religion, børneopdragelse, dyrkning af fødevarer og lægekunst. Sikke "et geni" og sikke mange ulykkelige skæbner i kølvandet på ham.

Jeg havde hørt om en kristen organisation, der hed Dialogcentret, som leverede kritisk oplysning om nyreligiøse bevægelser. Dialogcentret havde også oplyst og advaret mod Rudolf Steiner skolerne. En dag, hvor jeg sad på mit kollegieværelse, kontaktede jeg derfor Dialogcentret og sagde, at jeg gerne ville fortælle om mine dårlige erfaringer med skolegang på en Rudolf Steiner skole.

Jeg blev medlem af Dialogcentret og fik lov til at skrive en artikel om min skolegang på en Rudolf Steiner skole. Dialogcentret lagde artiklen på deres hjemmeside. Flere år senere så jeg på nettet, at min artikel blev citeret andetsteds. Så artiklen har nok taget sin tørn i bekæmpelsen af Rudolf Steiner, hvilket også var hensigten.

Dialogcentret blev kritiseret for selv at være en sekt, ligesom de nyreligiøse sekter, som Dialogcentret advarede imod, og det kom til en bitter strid internt i Dialogcentret. Nogle af Dialogcentrets medlemmer brød ud af Dialogcentret og stiftede organisationen Ikon, der ligeledes havde til hensigt at oplyse og advare mod nyreligiøse bevægelser.

Jeg havde indvilget i at få en støtte-kontakt-person, som kom til mig på mit kollegieværelse. Skæbnens ironi ville, at han var medlem af Ikon, mens jeg var medlem af Dialogcentret.

Først var jeg glad for at skulle have denne støtte-kontakt-person, da jeg gerne ville have besøg. Jeg købte en kage ved bageren og satte kaffe over, når han skulle komme. Jeg havde nemlig ingen ide om, hvordan det var at være i en relation, hvor man var en bruger, der skulle have hjælp af en hjælper. Jeg troede, at det handlede om at få en gæst på besøg.

Hurtigt sagde støtte-kontakt-personen dog til mig, at jeg ikke skulle servere kage, når han kom. Han sagde, at jeg gerne måtte rode, men han satte grænsen ved madrester i køkkenet. Jeg undrede mig meget over, at han satte grænsen og satte standarden for rengøringen af mit hjem. Det var vel mig, der bestemte i mit eget hjem.

Jeg fortalte ham glad, om mine tanker om politik og religion. Disse to ting interesserede jeg mig nemlig for. Vi var uenige politisk. Han var socialdemokrat, mens jeg var socialist. Han sagde i ramme alvor, at jeg var for firkantet og vi skulle have slebet nogle kanter af mig. Jeg undrede mig over, at han skulle bestemme, hvad jeg skulle tænke og mene. Jeg holdt fast i mine socialistiske holdninger, der udsprang af min retfærdighedssans og oprør mod det uretfærdige, der var overgået mig i min skoletid. Så ville han have, at jeg ikke skulle snakke længere men sidde og lytte til ham. Lidt excentrisk tændte han sin pibe og begyndte at fortælle om sin kones død og hvordan han havde fået et forhold til den kvindelige sognepræst, der begravede hans kone. Han fortalte også om sine helbredsproblemer og hvordan han havde valgt at holde fast i sin piberygning. Jeg brød mig ikke om lugten af hans tobak i mit kollegieværelse og jeg brød mig ikke om hans dominerende og excentriske adfærd.

Det endte med, at han en dag fik mig til at bryde grædende sammen. Han var også medlem af en forening, der samlede midler ind til børnehjemsbørn i

Østeuropa, og han ville have mig med på en rejse med foreningen til Rumænien. Jeg ombestemte mig og sagde, at jeg ikke ville med. Jeg turde alligevel ikke tage med på rejsen, da jeg ikke var tryg ved ham. Så mistede han besindelsen og begyndte at sidde og råbe ad mig, mens vi sad overfor hinanden ved mit lille spisebord. Jeg blev skræmt fra vid og sans og sad og hulkede. Mens jeg sad og græd, begyndte han pludselig at sidde og skære ansigt og lave skøre grimasser.

Jeg fortalte om episoden derhjemme og min far ringede til ham. Han blev dog grov overfor min far og min far endte bare med at lægge røret på. Enden på det hele blev, at jeg fik en anden støtte-kontakt-person.

Min nye støtte-kontakt-person ville gerne opføre sig som en gæst i mit hjem og lave nogle af de ting med mig, som jeg havde lyst til. Hun kørte mig rundt i sin lille bil, så vi kunne gå ture i den omkringliggende natur, hun gav mig en is, en sildemad og et glas øl i Lønstrup og meget andet.

Da hun senere stoppede som min støtte-kontakt-person, endte vi med at få et livslangt venskab, snakke i telefon og mødes et par gange om året. Hun var et godt menneske og en god ven og det er vel også de vigtigste egenskaber, når det kommer til at hjælpe andre, hvadenten man hjælper professionelt eller privat.

Hun tog som støtte-kontakt-person mine ønsker for fremtiden alvorligt og da jeg ønskede at blive medlem af Enhedslisten, snakkede hun med Peder Hvelplund, der på daværende tidspunkt var formand for Enhedslisten i Hjørring. Han blev senere valgt ind i Folketinget, hvor han bl.a. arbejdede for forbedringer af psykiatrien.

Jeg snakkede lidt i telefon med Peder Hvelplund og mødtes med ham et par gange. Peder Hvelplund mente dog, at det var bedre for mig at blive tilknyttet Enhedslistens Aalborg afdeling, da Aalborg afdelingen havde flere unge medlemmer, der var jævnaldrende med mig, og da Enhedslisten ikke havde mange medlemmer i Hjørring.

Jeg fik så kontakt med Enhedslistens Aalborg afdeling, hvor jeg i første omgang mødtes med Susanne Flydtkjær. Hun blev senere valgt ind i regionsrådet i Region Nordjylland.

Jeg vidste intet om foreningsarbejde eller politisk arbejde, men jeg tænkte, at enhver forening burde have et medlemsblad, og da jeg gerne ville være journalist, foreslog jeg Susanne Flydtkjær, at jeg lavede et medlemsblad for Enhedslistens Aalborg afdeling. Det gav hun mig lov til.

Jeg havde de største ambitioner for dette medlemsblad og jeg ville lave et godt stykke journalistisk arbejde, hvor jeg afslørede nogle af livets skyggesider og skrev om folk, der havde brug for politikernes hjælp.

Det første, jeg gjorde, var at købe en håndholdt diktafon hos boghandleren i Hjørring. Det var dengang, hvor diktafoner ikke var elektroniske, men havde små kassettebånd. Derefter ringede jeg til flygtningecentret, der lå i Hjørring, og spurgte, om jeg måtte komme og lave et interview med en flygtning. Det måtte jeg godt.

På flygtningecentret viste de mig ind til en stue, hvor en mandlig serbisk flygtning boede med sin familie. Jeg var enormt nervøs, stammede og fik derfor ikke stillet de rigtige spørgsmål, men serberen var venlig, smilende og fortalte mest om, hvor dygtige hans børn var og hvor godt, de klarede sig i skolen. Jeg fik dog alligevel brygget en nogenlunde god artikel sammen.

Medlemsbladets næste artikel skulle handle om, hvordan det var at være handicappet i Danmark. I Enhedslistens Aalborg afdeling var der nemlig et yngre mandligt medlem, der havde sclerose, og ham besøgte jeg også og interviewede med min diktafon. Igen var jeg meget stammende og angst. Han var meget venlig overfor mig og forsøgte, udover at fortælle om sine udfordringer med sclerose, at lære mig om politik.

Da medlemsbladet var færdigt og jeg viste medlemsbladet til Susanne Flydtkjær, var hun meget overrasket. Hun havde forestillet sig et medlemsblad med datoer for møder og arrangementer, samt lidt information om, hvad der foregik i afdelingen, men hun syntes dog, at mine reportager var gode.

I Hjørring var der dengang et Frivillig-center. Jeg mødte op i det Frivillig-center og fik kontakt med en yngre mandlig flygtning fra Afghanistan, som jeg skulle lære dansk. Jeg ville gerne være ven med ham, men vi var to forskellige steder i livet og meget forskellige. Jeg var meget ung, i psykiatrien og vidste ikke meget om tilværelsen, mens han havde kone og børn hjemme i Afghanistan, hvor han havde arbejdet på et apotek. Han var meget rolig, venlig og omsorgsfuld overfor mig, men jeg havde ikke så meget at tilbyde ham og efter nogle måneder blev han "overtaget" af en anden frivillig.

Vi havde dog en stor og god oplevelse sammen. Han havde aldrig været ved en strand og set havet, fordi Afghanistan ikke ligger ud til en kyst. Vi gik så fra Hjørring til Tornby Strand og hjem igen. Da vi var ved stranden, var det helt tydeligt, at det var et af hans livs største oplevelser at se havet. Han blev lidt bevæget og sad længe på hug på stranden og rørte ved vandet fra bølgerne, der skyllede ind.

På Frivillig-centret var der også mulighed for at få gratis samtaler med en psykolog. Det tilbud benyttede jeg mig af, skønt man ikke måtte tage imod anden behandling, når man var i psykiatrien.

Psykologen sagde straks, at jeg var autist. Det kunne hun se og høre på mig. Jeg gik så på biblioteket og så, hvad de havde af bøger om autisme. Jeg lånte en bog, der var skrevet af en pige med autisme. I bogen var der et foto af forfatteren. Hun så køn ud og hun var lidt yngre end mig. I bogen var også forfatterens email adresse. Jeg spurgte min mor, om der var noget galt i, at jeg skrev til bogens forfatter. Det mente min mor ikke.

Bogens forfatter svarede min mail. Hun kunne ikke fortælle mig, om jeg var autist eller ej, men vi skrev sammen i en periode. Det var første gang, at jeg rigtig havde en dybere kontakt med en person af det modsatte køn, og jeg troede, at jeg endelig skulle have en kæreste. Det skulle jeg dog ikke, vores kommunikation var meget dårlig og det var slet ikke gået op mig, hvordan det var for hende at være autist, skønt jeg havde læst hendes bog om det.

Min krop forandrede sig af rygning og overspisning. Jeg overspiste, fordi psykofarmaka nedsatte min mæthedsfornemmelse. Selv var jeg ikke bevidst nok om mig selv til rigtig at registrere disse forandringer. Som en modvægt til alt det usunde var jeg begyndt at løbe orienteringsløb.

Jeg løb orienteringsløb i de år, jeg boede på mit kollegieværelse i Hjørring. Min far kørte mig rundt til de skove og plantager, hvor der ugentligt var orienteringsløb i sommerhalvåret, og min far var også selv med til at løbe et par gange. Orienteringsløb var en god oplevelse for mig. Det var godt for både kroppen og hjernen at løbe rundt med kort og kompas og jeg blev bedre og bedre til det.

I klubben for orienteringsløbere mødte jeg min latinlærer fra gymnasiet, der heller ikke havde haft det nemt. Det første, hun sagde til mig, da vi mødtes påny, var: "nå, kunne du heller ikke holde Hjørring Gymnasium ud".

Min overspisning som følge af psykofarmaka oplevede jeg mest som, at jeg var begyndt at interessere mig meget for mad. At jeg selv skulle tilberede mine måltider efter at være flyttet hjemmefra, forøgede blot min interesse for mad. Jeg ville først og fremmest prøve alt lækkert mad, men også nyt mad, spændende mad og fint mad.

Jeg fik Prins Henriks kogebog og en frituregryde i fødselsdagsgave af min mor og far, så jeg rigtig kunne eksperimentere med madlavning. Min bedstefar havde givet mig en kaffemaskine fra Krupp og en kogebog med opskrifter på supper i indflyttergave. Kaffemaskinen holdte i 15 år fra 2000 til 2015. Min bedstefar vidste, at man ikke skal undervurdere tysk kvalitet.

Efter en opskrift friturestegte jeg bl.a. indbagte hyldeblomster og jeg lavede den klassiske friturestegte camembert. Jeg lavede også nogle af opskrifterne fra Prins Henriks kogebog. Bl.a. bagte fiskeben med skiver af friteret fisk, hårdkogt æg og rodfrugter. Det er muligt at spise bagte fiskeben og kommer man salt på, smager det lidt ligesom flæskesvær. Jeg lavede en opskrift med gratinerede muslinger og hasselnødder, jeg eksperimenterede med husblas og fromager og meget andet. Min interesse for mad har fulgt mig livet igennem.

Det var ikke kun mad, jeg fik øjnene op for, da jeg var flyttet hjemmefra, men også alkohol. Første aften, hvor jeg var alene på mit kollegieværelse, drak jeg 6 øl, som jeg havde købt. Jeg mærkede, hvordan beruselsen gjorde mig godt, og hvordan mit liv blev herligt, selvom jeg bare sad i en krog i et lille kollegieværelse, hvor der endnu ikke var kommet møbler, og skulle have timerne til at gå. Alkohol blev også en trofast følgesvend gennem mit liv.

Allerede som 20 årig - efter mine tre første år i psykiatrien - havde jeg fulgt min egen dagsorden om at nå mine mål for tilværelsen og ignoreret psykiatriens dagsorden om, at jeg skulle klientgøres og leve i psykiatrien. Jeg havde taget kørekort, tog enkeltfag på HF, var begyndt at løbe orienteringsløb, var blevet medlem af Enhedslisten og havde lavet frivilligt arbejde med en Afghansk flygtning. Jeg havde dog min nye støttekontaktperson, tog psykofarmaka, var tilknyttet psykiatrisk sygehus og kom på værestedet i Hjørring for psykisk syge, selvom jeg nok var en atypisk bruger der. Jeg havde det dog ikke godt. Jeg var meget hæmmet, angst, fastlåst i kroppen og stammede til tider og det fungerede ikke socialt med at få venner og få en kæreste.

Også på værestedet forfulgte jeg min drøm om at blive journalist ved at lave et blad for værestedet. Flere af de andre brugere var med på ideen med bladet og leverede artikler. Jeg arrangerede også på egen hånd en udflugt for værestedets brugere uden indblanding fra personale, hvor vi tog bussen til Astrup, gik tur i Bøgsted Plantage, hvor vi kogte suppe på et spritkogeapparat, og tog bussen tilbage til Hjørring. Efterfølgende skrev en af de andre brugere en artikel om denne udflugt til vores blad. Jeg arrangerede ligeledes på egen hånd et foredrag om tarotkort på værestedet, da der var interesse for det.

Spåkonen med tarotkortene lod mig trække et kort om, hvordan resten af mit liv ville blive, da dette var mit store spørgsmål. Spåkonens tolkning af min fremtid var næsten ligeså negativ som psykiatriens tolkning af min fremtid. Jeg ville i følge hende få et ensomt liv, men måske finde en at følges med i min ensomhed.

Jeg var meget utilfreds over denne spådom, da jeg ville have haft langt lysere fremtidsudsigter, og dagen efter skrev jeg derfor et indlæg til vores blad med skarp kritik af spåkonen og påviste, at der ikke var videnskabelig belæg for tarotkort og at det var det rene svindel. Dette faldt andre af værestedets brugere for brystet, da de troede på det alternative, og det kom til en ophidset debat i vores blad, men så skete der da lidt.

Jeg oplevede ikke, at de andre psykisk syge, som jeg mødte i Hjørring, havde meget overskud, og der opstod ikke rigtig sød musik mellem mig og dem med kærlighed og venskaber.

Fordi det ikke rigtig fungerede med at få venner, fik jeg på egen hånd et møde i stand med værestedets ansatte og jeg kom til mødet med min lille diktafon og pen og papir for at tage notater. Jeg spurgte dem efter, hvorfor jeg ikke var blevet venner med nogen. De svarede, at når jeg var færdig på HF og kom på værestedet, lagde jeg mig mest ned på værestedets sofa i stedet for at sidde og snakke med nogen. Dette var jo nok også den indlysende årsag til, at det ikke rigtig fungerede med at få venner, men med til historien hører, at jeg var lidt angst for at snakke med de andre, og at jeg ikke havde oparbejdet den store erfaring i small talk gennem min isolerede og traumatiske skolegang.

På HF var der enkelte tilfælde, hvor tingene fungerede for mig. En vietnamesisk pige og jeg blev enige om at skrive stil sammen i dansk. Hun besøgte mig så på mit kollegieværelse, hvor vi endte med at spille computer, se en dvd-film og have det rigtig sjov. Da hun var gået, skrev jeg stilen for os alene, og vi fik et 10- tal. Desværre blev det ikke til et dybere venskab.

På HF tog jeg mod til mig og fortalte en palæstinensisk pige, at jeg var socialist og støttede palæstinensernes sag. Dagen efter havde hun en stor klase vindruer med i sin madpakke og hun fortalte mig, at hendes onkel havde kæmpet i en palæstinensisk oprørsbevægelse. Vindruerne skulle jeg have. Igen var jeg for genert og hæmmet til, at det kunne udvikle sig til et dybere venskab.

Så kom eksamenstiden på HF og de andre elever blev ligeså nervøse og febrilske, som jeg havde været hele året. Til gengæld kunne jeg så slappe mere af, fordi de andre var så nervøse og jeg ikke følte mig så meget ved siden af. Jeg fik gode karakterer i de fleste af mine enkeltfag.

Det blev tid til Enhedslistens årsmøde, som skulle afholdes på Hvidovre Gymnasium. I toget fra Aalborg til Hvidovre fulgtes jeg med SUF - Socialistisk Ungdomsfront Aalborg -, der var Enhedslistens ungdomsafdeling. Vi var formanden for ungdomsafdelingen, fire andre og mig. Vi drak lidt øl i toget, jeg var lidt med i samtalen engang imellem og stemningen var meget afslappet.

Pludselig gik det op for mig, at en af de andre unge fra SUF var søn af en forfærdelig lærer, jeg havde haft på Rudolf Steiner skolen i Aalborg. Så brød jeg sammen indvendigt. Jeg fik sagt nogle usammenhængende ting om, at Rudolf Steiner var uforeneligt med socialisme. Sønnen af min tidligere lærer var hurtig i replikken, sagde en masse og formanden for SUF afgjorde striden til fordel for ham. Så gik jeg i baglås indvendig og kunne ikke sige mere.

På årsmødet gav jeg og alle de andre medlemmer af Enhedslisten hånd til Keld Albrechtsen, Jette Gotlieb, Frank Aaen og Søren Søndergaard, som jeg ellers kun havde set i TV. Jeg følte det dog ikke som en succes, at jeg nu gav hånd til folketingspolitikere. Jeg havde det dårligt over min skoletid og ville bare have årsmødet overstået, så jeg kunne komme hjem.

Hjemme på mit kollegieværelse skrev jeg en længere mail til Enhedslistens sekretariat i København, hvori jeg afkrævede dem svar på, hvorvidt Rudolf Steiners okkultisme var foreneligt med Enhedslistens menneskesyn. Der kom ikke svar på min mail, men der skete noget andet.

1. Maj, som jeg fejrede med at spise morgenmad i Socialisternes Hus på Nytorv 13B i Aalborg uden rigtig at snakke med nogen, prikkede Per Clausen, der var formand for Enhedslistens lokalafdeling i Aalborg, mig på ryggen. Per Clausen kom senere i Folketinget, kom til at sidde i Aalborg byråd, havde en rådmandspost og blev valgt ind i Europaparlamentet. Per Clausen sagde kortfattet til mig, at Enhedslistens sekretariat havde videresendt min mail til ham og at jeg ikke skulle tørre mine personlige ting af på Enhedslisten. Så drak jeg det sidste kaffe i min kop, rejste mig op, forlod morgenbordet og tog toget hjem til Hjørring. Jeg udmeldte mig af Enhedslisten og indmeldte mig i Kommunistisk Parti i Danmark, da den del af venstrefløjen var der, jeg hørte til.

Et halvt års tid efter, at jeg havde skiftet parti, mødte jeg Susanne Flydtkjær og Per Clausen på værtshuset Victoria i Borgergade i Aalborg. De inviterede mig til at sætte mig ved deres bord og i al gemytlighed snakkede vi om, hvad jeg gik og lavede, om fælles bekendte fra Socialisternes Hus og også om, at jeg var ked af min skoletid. Det blev en god og munter snak, hvor de også viste forståelse for min situation.

Dengang var det små ting, der adskilte Enhedslisten fra Kommunistisk Parti i Danmark. I dag er forskellene blevet lidt større, da Enhedslisten har rykket sig mere mod midten. Hurtigt gik det dengang op for mig, at mit partiskifte var det helt rigtige, da jeg grundlæggende var mere kommunist end socialist. At jeg i første omgang havde valgt Enhedslisten skyldtes blot, at det var dem, der havde været fremme i medierne, og dem, jeg kendte til.

11. september 2001 var jeg 21 år gammel og befandt mig på værestedet i Hjørring. Vi var alle lidt sløve og ugidelige og der skete ikke en pind. Så kom en yngre mandlig bruger pludselig løbende ind ad døren og sagde hurtigt, spændt og forventningsfuldt "Tænd for fjernsynet. Tænd for fjernsynet. Der er sket noget". Det var tydeligt, at ingen troede på ham, men der blev alligevel tændt for fjernsynet. I fjernsynet så vi flyet flyve ind i skyskraberen og vi troede alle, at det var løgn. Der VAR sket noget og den dag kom der en ny verdensorden.

Kort efter tog jeg til Socialisternes Hus i Aalborg for at aflevere brevet med min indmeldelse i Kommunistisk Parti i Danmark (KPiD). Når man trådte ind i Socialisternes Hus, blev man mødt af diverse socialistiske og kommunistiske aviser og tidsskrifter, der side om side prydede en hel væg. Fælles for de fleste af forsiderne på disse tryksager var, at der var grufulde billeder fra Vietnam krigen eller Pinochet's kup i Chile. På trods af terrorangrebet 11. september skulle USA ikke have lov til at være et offer, men tryksagerne ville minde os om USA's forbrydelser. Da jeg så alle tryksagerne, tænkte jeg mest på min drøm om at blive journalist, og jeg tog nogle aviser i min rygsæk. En af disse aviser var DKP's avis Skub.

Hjemme i Hjørring skrev jeg et politisk digt, som jeg sendte til Skub, og senere så jeg, at mit digt også blev trykt i avisen. En af linjerne i digtet var: "Forsvar Danmarks kultur mod Moskeerne. Nyd din frihed til at drikke Coca Cola". Dermed ville jeg vise det dobbeltmoralske i den stigende racisme og afstandtagen fra muslimernes kultur, mens vi gladeligt lod os invadere af amerikansk kultur og kapitalisme. I alle linjerne i digtet prøvede jeg at udstille den dobbeltmoral, som jeg oplevede som typisk dansk.

Jeg tilmeldte mig et skrivekursus på en højskole i København for at gøre mere ved min digtning og skrivning af fiktion. Det var et almindeligt kortere højskoleophold, der varede 14 dage. Der var ikke mulighed for at bo på højskolen, så jeg valgte at bo på vandrehjemmet på Bellahøj. Min far hjalp mig med at finde busplaner på nettet, så jeg kunne se, hvilke busser jeg skulle med i København for at komme fra højskolen, der lå tæt på Hovedbanegården, til vandrehjemmet på Bellahøj.

Vi var en stor flok på skrivekurset og blev delt ind i to grupper. De andre i min gruppe var venlige, glade for at være på højskole og ville gerne snakke med mig. Der var en kvinde, der var lidt ældre end mig, som læste antropologi. Hun fortalte mig, at hun havde kørt gennem Sydamerika på motorcykel og havde en lillesøster, der var autist. Der var en pensioneret læge, der var kommet for at skrive sine erindringer. Han syntes godt om mine politiske holdninger og det gav anledning til, at han ville fortælle mig om sit arbejde som ulandsfrivillig. Der var en ung kvindelig medicinstuderende først i 30'erne.

Den medicinstuderende virkede lidt mærkelig. Modsat de andre højskoleelever virkede det ikke naturligt for hende at være til stede på højskolen. Hun virkede anspændt og som om, hun ikke vidste, hvor hun skulle kigge hen og gøre af sig selv. Da hun skulle præsentere sig ved præsentationsrunden, faldt bomben. Hun sagde, at hun havde en meget tabubelagt sygdom.

Jeg vidste med det samme, at hun måtte have AIDS, og jeg gennemtænkte straks alle mulige og umulige sikkerhedsforanstaltninger, som jeg kunne tage for at undgå at blive smittet. Bl.a. ville jeg ikke lade min kaffekop ude af syne, da jeg ville undgå, at hun og jeg ved et uheld kom til at drikke af den samme kop.

Næste dag skulle den medicinstuderende, som egentlig var ret køn og charmerende, fortælle mere om sine skriverier. Hun skrev om sig selv og det var tydeligt, at det var svært for hende at læse op af sin tekst, der handlede om hendes liv. Så gik det pludselig op for mig, at hendes tabubelagte sygdom ikke var AIDS men skizofreni.

Hun skrev om sine psykoser, hvor hun havde troet, at hun skulle giftes med Kronprins Frederik, sine indlæggelser, hvordan hun læste til læge, men pga. sin sygdom ikke måtte blive psykiater, som hun drømte om, men skulle vælge et andet speciale. Hun havde klaret sig gennem sit hårde liv, fordi hun havde meget nemt ved indlæring.

I pausen opdagede jeg, at hun stod alene i en krog og røg en cigaret og græd, fordi det havde påvirket hende at fortælle sin historie. Jeg tog mod til mig og sagde til hende, at jeg syntes, det var modigt gjort af hende at skrive sin historie. Jeg sagde til hende, at jeg også havde en skizofrenidiagnose. Så smilede hun og sagde: "Tak for tilliden". Hun mente, at jeg havde vist hende tillid ved at fortælle hende, at jeg også havde en diagnose. Jeg spurgte, hvilken psykofarmaka hun fik og hvordan hun havde det med det som kommende læge. Hun svarede, at hun havde valgt at tage Cisordinol, fordi det var et kendt præparat og hun selv forstod, hvordan det virkede i hjernen.

Undervisningen i den første uge på højskolen vekslede mellem, at vi skulle sidde og skrive på vores tekster og læse vores tekster højt og give hinanden feedback. Den sidste uge på højskolen ville forfatteren T. S. Høeg komme forbi og fortælle og der skulle ske andre ting.

Jeg var for angst og stresset og havde ikke nok ro på mig til at sidde og skrive. I stedet forlod jeg højskolen i skrive-pauserne og gik frem og tilbage på Strøget, der lå tæt på højskolen.

Da det var mine tekster, der skulle have feedback, var der nogen, der mente, at jeg manglede den fornødne livserfaring til at skrive. Det kom også til lidt drilleri over min jyske dialekt, skønt jeg faktisk mest stammede af nervøsitet. Dog fik jeg stillet mit store spørgsmål til vores underviser:

"Kan jeg blive forfatter?"

Hun svarede: "Du skal nok i første omgang fortsætte med at sende dine digte ind til aviser som læserbreve, men din 'Aalborg Blues', syntes jeg, var ret god og sjov.

Min 'Aalborg Blues' var et ironisk, humoristisk digt, som jeg havde skrevet om mit svære liv.

Da den første uge på højskolen var forbi, gav jeg op overfor angst og stress og valgte at lave min togbillet om og tage hjem. De andre elever på højskolen forsøgte at overtale mig til at blive, men jeg havde taget min beslutning.

På Hovedbanegården stammede jeg så meget, så det næsten var umuligt for mig at føre den nødvendige dialog på billetkontoret, der krævedes for at lave min togbillet om. Værre var, at min tegnebog blev stjålet på Hovedbanegården og jeg derfor også skulle forbi den lille politistation på hovedbanegården. Jeg kom dog hjem i god behold og min tegnebog, der senere blev fundet i Istedgade, kunne jeg afhente på Hjørring Politistation.

Der skulle være medlemsmøde i KPiD og jeg skulle for første gang møde mine partikammerater. Da jeg gik ind ad porten til Socialisternes Hus for at deltage i medlemsmødet, var jeg godt nervøs. Jeg var i god tid, da jeg gik ind i ejendommen og op ad den stejle trappe til etagen med de lokaler, der udgjorde Socialisternes Hus.

Før medlemsmødet havde jeg en lille snak med kasseren i KPiD, der var en stor, kraftig midaldrende mand med hvidt hår. Han viste mig ind på et lille kontor, hvor vi sad overfor hinanden. Han kiggede lidt på mig. Jeg havde hjertebanken, svedte og var meget angst for det ukendte, der nu skulle ske. Han spurgte, om jeg ville have en øl. En øl var lige, hvad jeg trængte til for at kunne falde mere til ro og få det bedre. Han spurgte mig, hvorfor jeg ville være kommunist og hvad jeg kendte til det. Jeg svarede som sandt var, at jeg havde læst bøger om den kommunistiske modstandsbevægelse under besættelsen, læst om Villy Fuglsang og den Spanske borgerkrig og at det var mine store forbilleder og det, jeg troede på.

Villy Fuglsang havde i sin ungdom kæmpet som frivillig mod Francos fascister i den Spanske borgerkrig. Senere efter at være hjemvendt til Danmark blev han sendt i KZ lejr, da Danmark blev besat. Han overlevede opholdet i KZ lejr og sad i Folketinget for DKP i nogle år. Jeg havde hørt en radioudsendelse med ham og læst et par bøger om ham. Villy Fuglsang var uden tvivl et af mine største forbilleder.

Kasseren sagde til mig "Villy kommer også til medlemsmødet". Jeg fik julelys i øjnene og blev salig. Jeg vidste ikke, at Villy Fuglsang boede i Aalborg og var medlem af KPiD. Ikke nok med, at jeg nu skulle møde mit store forbillede, jeg skulle også lave politisk arbejde sammen med ham. Jeg sagde ydmygt til kasseren, at hvis der var noget praktisk arbejde, der skulle laves i partiafdelingen, kunne jeg måske hjælpe med det. Han svarede mig, at opgaverne kom vi til på medlemsmødet.

Medlemsmødet blev afholdt i en sal, hvor vi sad et par håndfulde omkring et par borde, der var sat i forlængelse af hinanden. På bordene var der askebægre og ølflasker. At jeg kunne få nikotin og alkohol til mødet, gjorde det nemmere for mig at fungere. Jeg så straks, hvem af dem, der måtte være Villy Fuglsang. Han var den ældste og over 90 år.

På medlemsmødet blev der talt om terrorangrebet 11. september, at George Bush ville angribe Irak under påskud af, at Irak havde gemt masseødelæggelsesvåben, og at vi skulle have gang i en fredsbevægelse i Aalborg. Til sidst skulle jeg præsentere mig selv, hvilket jeg ikke havde forberedt mig på.

Jeg fik fremstammet, at jeg var psykisk syg og gerne ville høre, om KPiD havde en psykiatripolitik. En mand begyndte så at grine og sagde, om ikke hellere vi skulle snakke om George Bushs dårlige nerver. Kasseren kiggede hurtigt på en midaldrende kvinde. Hun sagde eftertænksomt til mig, at KPiD faktisk ikke havde en psykiatripolitik og om jeg ville påtage mig at udarbejde et udkast til en psykiatri-politik. Det indvilgede jeg i.

En høj mand, der sad med en stor cigar, vævede lidt i det, han ville sige til mig. Til sidst fik han gjort sit spørgsmål tydeligt for mig. Han ville vide, hvad jeg mente om, at der havde været tilfælde af psykisk syge, der var blevet voldelige, fordi de ikke var i behandling. Jeg svarede bare, at psykisk syge ikke var farlige.

Efterfølgende skrev jeg mit udkast til en psykiatripolitik for KPiD. Noget af det, jeg slog på, var, at tidligere patienter skulle hjælpe nuværende patienter. 20 år senere blev dette jo indført i psykiatrien med de såkaldte peer jobs, hvor tidligere patienter arbejder med nuværende patienter. Så jeg havde nok fat i noget af det rigtige i mit udkast dengang. Mit udkast blev bragt i KPiD's landsdækkende medlemsblad. Om der siden kom mere ud af det, husker jeg ikke.

Hjemme på mit kollegieværelse i Hjørring sagde jeg til min nye støtte-kontakt-person, at jeg hellere ville være den bedste af de dårligste end den dårligste af de bedste. Hun spurgte mig efter, hvad jeg mente med det. I stedet for at være den dårligst fungerende af de raske på HF og andre steder ude i samfundet, så ville jeg hellere være den bedst fungerende af de syge i psykiatrien i en periode. Jeg trængte til en pause fra HF enkeltfag og jeg havde på nettet fundet en psykiatrisk daginstitution i Nørresundby, der lovede, at man både kunne få venner og komme på kursus i USA, hvis man benyttede denne daginstitution.

Igen tog min nye støtte-kontakt-person mine ønsker alvorligt og i hendes lille bil kørte vi til institutionen i Nørresundby. Vi kom ind til et møde med en høj, tynd mandlig ansat. Igen kom jeg med min pointe om, at jeg hellere ville være den bedste af de dårligste, end den dårligste af de bedste. Han mente ikke, at der var nogen af brugerne på institutionen, der var dårlige, og han sagde, at en af brugerne endda var tidligere fuldmægtig i socialministeriet. Han mente heller ikke, at jeg kunne komme på institutionen, da jeg boede i en anden kommune og det krævede, at denne kommune ville betale.

Min socialrådgiver i Hjørring kommune, der var en venlig mand, bevilgede straks, at jeg kunne benytte denne institution. Kort efter bevilgede han også både tilskud til, at jeg kunne komme med institutionen på både sommerhøjskole i Danmark og kursus i USA. Faktisk var denne socialrådgiver den bedste socialrådgiver, jeg nogensinde har hørt om, og han var kendt for at give sine klienter alt, de ville have, hvorfor han også havde fået den ene næse efter den anden af Hjørring Kommune og senere var årsag til, at Hjørring kommune strammede reglerne. I mine øjne var denne socialrådgiver en helt, der fulgte sin samvittighed i sit arbejde.

Som institutionen lovede, fik jeg da også venner og to rejser til USA. Set i bakspejlet tror jeg dog, at jeg havde haft bedre af- og fået større gevinster af at bide tænderne endnu mere sammen og blive i det raske liv, end at stifte bekendtskab med denne institution, som senere viste sig at være en sovepude, forsøge at modarbejde mine forsøg på at komme videre i tilværelsen og være klientgørende ligesom resten af socialpsykiatrien og psykiatrien.

Vi var en gruppe af unge og yngre brugere på institutionen, der fandt sammen. Jeg fandt på, at vi skulle lave "Onsdagsklubben", hvor vi hver onsdag aften besøgte værtshuse i Aalborg og fik nogle øl. Det gad de andre godt.

Vi fra "Onsdagsklubben" kom gennem livet til at følge med i hinandens skæbner. Nogle skæbner og livsforløb så jeg på afstand. Andre tæt på. Vi havde alle vores håb og drømme for fremtiden, som vi bl.a. talte om på værtshusene, og vi kæmpede alle og nåede et stykke vej, men vejen blev ikke så lige og nem, som vi havde troet. Johnny måtte efter en flot eksamen som VVS'er opgive sit fuldtidsjob og få et ufaglært fleksjob i en anden branche. Han fik dog sin bil og sit lille hus på landet, som han havde drømt om. Kasper kunne gennemføre sin kandidatuddannelse i dansk og engelsk, men måtte forblive i psykiatrien i bofællesskab. Birger kunne næsten gennemføre sin uddannelse som socialogsundhedsassistent, men endte dog i fleksjob på et plejehjem.

Peter, som var en midaldrende tyndhåret mand med skæg og ofte i en grøn trøje, kom også med i "Onsdagsklubben". Peter var ældre end os andre unge brugere og jeg syntes derfor, at det var sjov at have ham med. Han var også hyppig gæst på byens værtshuse og en god guide til værtshusene for os.

Der var ikke ondt skabt i Peter, der havde en baggrund på fiskeriskole og havde haft sin tid som fisker. Peter havde mange gode egenskaber og som hans bror senere sagde til mig, var en af Peters største kvaliteter hans ukuelige optimisme og livsvilje på trods af det hele.

Peter havde temperament og kunne i dagtimerne på institutionen også virke lidt mut og vredladen, men om aftenen på værtshusene blev han fyldt op med glæde, var jovial og generøs med at give øl og cigaretter, meget vidende og kunne konversere om alt, der blev talt om ved bardisken, skønt hans interesser var madlavning og det spirituelle. Han kendte alle ved baren. En gang prøvede han at heale en anden bargæst og ingen kunne undertrykke deres latter.

Peter og jeg gik godt i spænd og vi tog bl.a. på fisketur til molen i Hirtshals, på historisk museum, og jeg havde Peter med på to vandreture af en uges varighed, hvor der ikke blev drukket øl i en hel uge. På den ene vandretur gik vi fra

Hirtshals til Skagen og på den anden vandretur gik vi fra Sindal til Skagen og sejlede i kano på Uggerby Å undervejs. Jeg havde altid været god til at finde på, planlægge og tage initiativer og på institutionen mødte jeg nogen, som var med på mine ideer.

Det var gennem Peter, at jeg første gang mødte Sørensen på værtshuset Boulevardcaféen. Sørensen var en midaldrende mand, der oprindeligt var håndværksmæssigt uddannet, siden havde taget en akademisk uddannelse, drevet egen virksomhed i en periode og lavede lidt af hvert i sit arbejdsliv. Peter og Sørensen var venner og havde mødt hinanden i nattelivet.

20 år senere kom mine og Sørensens veje igen til at krydse hinanden, men da var både han og jeg et helt andet sted i livet. Da gik det også op for mig, at vi havde haft fælles bekendte og færdes nogle af de samme steder gennem årene, dog uden at støde på hinanden.

På institutionen blev vi aktiveret med simple arbejdsopgaver af en sværhedsgrad, der vel svarede til, hvad et barn i 4. klasse kunne udrette. Der var endda personale, der guidede og instruerede os i disse simple ting som at hænge et billede på væggen, skrælle kartofler som en del af madlavningen til frokosten eller lave skemaer og oversigter over "dagens begivenheder" i Word. På mig virkede det lidt fordummende, da vi jo alle var voksne mennesker, men formålet var at holde os i gang, vedligeholde vores færdigheder og så vidt muligt forebygge yderligere indlæggelser og psykiatriske foranstaltninger.

På institutionen mødte jeg en tynd midaldrende herre med kort sort hår og sort skæg. Han havde en kæreste, som også kom på institutionen engang imellem, når hun ikke arbejdede i sit skånejob på en byggelegeplads. De virkede på mig som et meget kultiveret par og herren virkede altid meget oprigtig og til at have de bedste intentioner. Han hed August. Det viste sig, at han var opvokset i Hjørring. Før jeg blev født, havde han gået til spejder i Baptistkirken i Hjørring og haft min far som spejderfører. Hans far, som lige var død, havde været kommunist og ligget inde med en del kommunistisk litteratur.

Da August hørte, at jeg var kommunist, bad han mig hente sin fars lager af kommunistisk litteratur og en gammel DKP fane, da familien ikke vidste, hvad de ellers skulle stille op med det. I følgeskab med min mor ringede jeg så på hos Augusts mor, der boede i et lille rækkehus i Hjørring, og afhentede DKP's bøger og fane. August var ikke selv til stede, men hans mor var en rar ældre dame, der tog godt imod os. Jeg blev så den stolte ejer af en del kommunistisk litteratur og en gammel fane. Fanen og de fleste af bøgerne afleverede jeg til KPiD. August var ikke selv kommunist og havde ingen interesse i disse ting.

August sagde straks ja, da jeg spurgte, om han ville med på vandretur med overnatning til Tornby Klitplantage ved Hjørring. Sådanne vandreture var dengang min største fornøjelse og jeg kendte jo alle skove og plantager ved Hjørring fra min tid som orienteringsløber og også fra alle gåturene med mine forældre i min barndom.

Vi tog toget til Tornby og bevægede os ind i klitplantagen. Vi gik ned til den ene af søerne i klitplantagen og da mørket begyndte at sænke sig, tændte vi et bål ved en bålplads og byggede et overdække af nogle grene, som vi ville sove under. August åbnede lidt op og fortalte lidt om sit hårde liv. Han havde virkelig haft det svært, været udsat for overgreb og taget stoffer bl.a. LSD. Ting, som jeg ikke rigtig kunne forholde mig til. Han havde både erfaring fra arbejdsmarkedet og psykiatrien. Modsat mig havde han en kæreste og jeg spurgte ham, hvordan det var at have en kæreste. Meget pædagogisk sagde han, at når man havde en kæreste, så oplevede man dobbelt så meget, som hvis man bare var alene, fordi man var del af hinandens liv.

Da jeg vågnede næste morgen, havde August allerede været oppe længe og havde nået at ryge mange hjemmerullede cigaretter. Han spurgte, om ikke vi skulle spise vores mad uden at varme den først, for han var sulten. Jeg spurgte ham efter, om man kunne det, men det mente han godt, at vi kunne.

Senere tog vi på flere ture, hvor vi også havde andre af institutionens brugere med. Andre af brugerne havde jeg også med på mange andre ture uden August.

Augusts og min sidste tur sammen var en tur til Egholm. Vi tog den lille færge fra Aalborg til Egholm, slog et telt op og August tændte bål. Det så ud til, at vi havde hele øen for os selv. Bålet blev stort og gløderne føg omkring. Jeg tænkte, at August godt kunne lide ild.

Jeg sagde til ham, at jeg havde tænkt på at prøve at ryge hash. Hash var jeg begyndt at se som en naturlig forlængelse af øl og cigaretter, fordi der blev talt om hash i Socialisternes Hus og jeg havde set det i film og bøger. Han svarede, at han ikke vidste, hvad han skulle råde mig til, men at han havde hash med i sin rygsæk. Jeg blev meget overrasket.

"Er det ikke farligt?", udbrød jeg.
"Det er jo et naturprodukt, så det er uskadeligt", svarede han.

Han fandt en klump hash frem, der mest lignede noget af en plade chokolade, ristede det, blandede det i pibetobak og kom det i en medbragt pibe. Han tog først selv et par sug af piben og konstaterede, at hashen, som han kaldte tjald, var som den skulle være. Så var det min tur. Hashen havde en fin sødlig, krydret duft.

"Hvad hvis nu, jeg kommer til at grine for meget? Så bliver du vel ikke træt af mig?", spurgte jeg.

Jeg havde hørt, at man kunne få grineflip af hash.

"Det er jo det, der er meningen med det", svarede han med glæde i stemmen.

Ved de første sug skete der ingen ting og jeg var lidt skuffet. Så fik jeg lidt krampe i benene og en ubeskrivelig fornemmelse af nogle sekunders varighed, der kom og gik. Mens jeg havde denne fornemmelse, oplevede jeg at få geniale ideer til bøger, jeg ville skrive. Jeg glemte dog ideerne med det samme igen.

Fornemmelsen var skræmmende, fordi jeg følte, at jeg havde mistet kontrollen over mig selv, og fordi jeg ikke vidste, hvad der skete og hvad der ville ske. Denne fornemmelse kaldte August for "suset".

Så blev jeg pludselig meget angst og bange for August. For mig at se blev hans øjne knaldrøde. I håb om, at han ville berolige mig, sagde jeg til ham, at jeg var bange for ham. Det havde den modsatte virkning. Han blev hidsig og jeg blev endnu mere bange. Pludselig var han vred og troede, at jeg ville ham noget ondt.

Da jeg var allermest bange, hørte jeg nogle venlige stemmer, men August kunne ikke høre nogle stemmer eller se nogle mennesker. Jeg vidste, at en af mine partikammerater havde et kolonihavehus på Egholm, og jeg troede, at det var hende, jeg kunne høre. Det var midt om natten og August blev rolig igen. Efter en kort gåtur på hans opfordring, sagde han, at man fik sådan en god søvn af hash, og så lagde vi os til at sove i teltet.

Dagen efter sagde han til mig, at han ikke havde været helt tryg ved situationen, fordi jeg fik det dårligt. Han sagde, at jeg gerne måtte prale med, at jeg havde røget hash, men jeg ikke måtte fortælle, at jeg havde røget det med ham. Han sagde, at han købte sit hash på værtshuset Fedtebrødet og han tilbød at sælge hash billigt til dem, der kom i Socialisternes Hus.

I ugen, der fulgte, efter, at jeg havde prøvet hash, var jeg ekstra følsom. Jeg havde ekstra let til både tårer og latter, når jeg så TV, og jeg græd og grinede af ting i TV, som jeg normalt ikke ville græde over eller grine af. Ellers slap jeg fra oplevelsen uden mén. Jeg er glad for, at det var en dårlig oplevelse for mig at prøve hash, for det er årsagen til, at jeg aldrig prøvede det igen siden og risikerede at få et misbrug.

Kort efter fandt jeg ud af, at August var med i en gruppe i socialpsykiatrien, fordi han gerne ville stoppe sit hashmisbrug og derfor undrer det mig, at han introducerede mig for hash, når han godt vidste, at det var skadeligt. Vores venskab blev aldrig det samme igen. Jeg var blevet lidt bange for ham og undgik ham.

Institutionen havde sit eget blad, som brugerne lavede. En flittig skribent til dette blad var en midaldrende gråhåret forsigtig mand, som hed Johannes. Han begyndte at lave skrive-kurser på institutionen for os unge. Han havde nemlig selv et forfatterskab bag sig og på trods af sin alvorlige psykiske sygdom havde han taget en kandidatuddannelse og arbejdet som underviser på Studenterkursus i nogle år. Han kendte enkelte af mine undervisere på VUC, fortalte mig om dem og det føltes lidt mærkeligt at få den viden.

På sine skrive-kurser gav Johannes os en skrive-opgave, som vi løste, hvorefter vi snakkede om vores tekster. Jeg viste ham også nogle af mine digte, men han var ikke imponeret. Han begyndte lidt nervøst at forklare mig, at en tekst skulle have en afsender og en modtager og i mine digte var der ikke forbindelse mellem afsender og modtager.

Hurtigt blev jeg assistent for Johannes. Ugentligt besøgte jeg ham i hans parcelhus i Vestbjerg og skrev hans håndskrevne tekster ind på PC for ham. Jeg handlede også lidt ind for ham. Det var mest pibetobak Rød Orlik og Mou suppe, han skulle have. Enkelte gange spiste vi suppe sammen. Engang imellem betalte han mig lidt for mit arbejde, skønt jeg ikke ville have penge af ham, da jeg ikke mente, at der skulle være penge mellem venner.

Hjemme hos Johannes var der også tid til et "personligt skrive-kursus", der forløb således; først skrev jeg et par linjer om lige, hvad jeg havde i tankerne. Så forsatte han med et par linjer, jeg skrev så et par linjer igen og så fremdeles. Johannes havde beskæftiget sig lidt med skriveterapi og om det egentlig var skriveterapi, som han i skjul lavede med mig, og ikke et skrive-kursus, ved jeg ikke.

Vi drak den ene kop stærk kaffe efter den anden, mens vi skrev. Til sidst fandt han en kande vand frem, fordi vi drak så meget kaffe. Han forærede mig en pibe og sagde, at jeg skulle ryge pibe i stedet for cigaretter, fordi det var feminint at ryge cigaretter. Dette lod jeg ham så bestemme, da jeg kunne lide at sidde og skrive med ham i hans hjem. Han gav mig også et ultimatum. Han sagde til mig, at alkohol var usundt og hvis ikke jeg stoppede med at gå ud og drikke med Peter, kunne jeg ikke komme i hans hjem. Denne regel kunne jeg ikke overholde, for jeg blev ved med at gå i byen med Peter og mine andre venner.

En dag ringede han til min mor, fordi han ville invitere min mor og far på suppe, men min mor, som var meget overrasket over opringningen, afslog invitationen, men sagde dog, at hun syntes, at det var fint, hvis han og jeg kunne være venner. Så kom det til en lille diskussion i telefonen mellem min mor og ham. Han sagde til min mor, at jeg skulle uddannes og på arbejdsmarkedet og min mor sagde, at jeg skulle være mere end heldig, hvis jeg kunne ende med at få et flexjob af en slags.

Jeg blev meget såret over, at min mor havde så lille en tiltro til mine evner. Johannes syn på mine evner svarede heller ikke helt til mit eget syn på mine evner. Jeg ville læse dansk på universitetet, når jeg engang havde en fuld HF eksamen, mens Johannes i sin egenskab af tidligere studievejleder sagde, at jeg ikke egnede mig til universitetet, men skulle læse til bibliotekar.

Så blev det min tur til at skulle på kursus i USA med institutionen og da jeg glad fortalte til Johannes, at jeg skulle til USA, var der ingen glæde at spore i hans ansigt. Han frarådede mig kraftigt at tage med til USA, sagde, at det ikke ville blive en god oplevelse for mig, og at jeg ikke ville kunne klare det.

En tekst, jeg skulle skrive ind for Johannes, beskrev nogle overgreb, som han havde været udsat for i sin ungdom. Jeg blev lidt rystet og viste teksten til mine forældre. De sagde til mig, at jeg ikke skulle fortælle nogen om min viden om Johannes fortid. Det var for at beskytte ham, at de sagde det. Da Johannes kort efter også kom med nogle grundløse beskyldninger mod mig og opførte sig mærkeligt, blev det for meget for mig, og jeg stoppede med at være hans assistent.

Set i bakspejlet havde Johannes jo ret på flere punkter og han ville mig det bedste, men hans facon med at ville bestemme over mig kunne jeg naturligvis ikke leve med. Han fik også ret i, at rejsen til USA blev en dårlig oplevelse for mig.

Så kom dagen, hvor vi skulle afsted på kursus i Minneapolis i USA. På kurset skulle vi lære- og dele erfaringer om psykiatri. Jeg var 23 år, det var i 2003 og kun to år efter terrorangrebet 11. september. Jeg havde derfor fået at vide, at jeg ikke måtte fortælle nogen, at jeg var kommunist, da vi forventede, at der ville være stor paranoia alle steder pga. terrorangrebet.

Vi var tre mandlige brugere og institutionens kvindelige leder og en kvindelig ansat, der skulle afsted. De to andre brugere var en ældre indadvendt mand og en midaldrende mand, der både var ved at blive skaldet og havde langt hår. Han havde også en sart mave og havde derfor medbragt noget pulver, han skulle spise ved hvert måltid.

Vi fløj først fra Aalborg Lufthavn til Kastrup Lufthavn. Da vi var lettet fra Aalborg Lufthavn, udpegede institutionens leder Skelagergårdene i Gl. Hasseris i Aalborg for mig, som vi kunne se fra luften. Det var meningen, at jeg kort efter hjemkomsten fra USA skulle flytte fra mit kollegieværelse i Hjørring til en etværelseslejlighed i Skelagergårdene i Aalborg, da jeg alligevel opholdt mig så meget i Aalborg efterhånden. Fra Kastrup fløj vi til Minneapolis.

På gaden i Minneapolis så jeg for første gang skyskrabere, som jeg ellers kun havde set på film. Vi gik på gaden ligesom på en almindelig gade, men det var blot store skyskrabere, der stod side om side på hver side af gaden og ikke almindelige bygninger. Det virkede helt uvirkeligt.

Kurset, vi skulle deltage i sammen med andre brugere og ansatte i psykiatrien fra forskellige lande, blev afholdt på et stort luksushotel. På hotellet var der nogle overdådige buffeter med udsøgt lækker mad, hvor vi frit kunne forsyne os. Kurset varede en uge, hvor vi skulle blive på hotellet og høre foredrag og oplæg om psykiatri på engelsk.

En stor del af hotellets gæster var deltagere i dette kursus. Der var flest deltagere fra USA. Det var skræmmende at se, hvordan mange af de psykisk syge amerikanere så ud. Man bliver jo overvægtig af psykofarmaka og jeg var selv kommet til at veje 110 kg., men amerikanerne havde den amerikanske fastfood som en udfordring oveni hatten, og derfor var flere af dem så overvægtige, så de gik rundt med rollator og iltapparat på trods af deres unge alder. Der var nogle psykisk syge fra Japan og de var slanke, livlige og glade. En del af forklaringen på dette kunne være den sunde japanske kost, men måske også noget kulturelt.

Jeg tog mod til mig og henvendte mig til en smuk jævnaldrende psykisk syg japansk pige. Hun var smilende og venlig og fortalte, at hun godt kendte til Danmark, for hendes kæreste havde været i København. Da jeg hørte, at hun havde en kæreste, gik jeg slukøret videre.

Det var muligt at få et par øl på hotellet og over et par øl faldt jeg i snak med en yngre amerikansk mand, der arbejdede i psykiatrien. Langsomt gik det op for mig, at han og jeg faktisk var enige politisk et godt stykke henad vejen. Han fortalte, at da han havde rejst med rygsæk i Europa og Asien, havde han sagt alle steder, at han kom fra Canada, for at undgå problemer.

På hotellet var en internetcafé med gratis snacks. Det, som de kaldte for snacks, kunne dog have udgjort et helt måltid hjemme i Danmark. Det var store frankfurtere og andre pølser med forskelligt tilbehør. Fra internetcaféen kunne jeg skrive med min mor og far.

En dag forlod jeg hotellet for at kigge i indkøbscentret i etagen under hotellet. Der købte jeg et computerspil, som endnu ikke var nået til Danmark. Jeg farede vild og havnede nede på gaden. Heldigvis fik jeg øje på en vagt, som jeg spurgte om vej på mit dårlige engelsk, og jeg kom tilbage til hotellet.

Min midaldrende rejsekammerat fra institutionen i Nørresundby skulle holde et oplæg, hvor han fortalte sin egen sygdomshistorie. Når ingen hørte det, gik han og mobbede mig og sagde nedladende og sårende ting til mig på hotellet. Ligesom i min skoletid skammede jeg mig, kunne ikke svare igen og kunne ikke sige til de ansatte, at han gik og mobbede mig. Til sidst reagerede jeg ved at blive mut og indadvendt og så blev resten af rejseselskabet fra Nørresundby træt af mig. Hurtigt fik jeg en negativ rolle og de ansatte fra institutionen i Nørresundby var både af den opfattelse, at jeg nassede cigaretter og ikke ville købe gaver med hjem til min familie, hvilket selvfølgelig intet havde på sig. Det ødelagde rejsen for mig.

Efter kurset på hotellet brugte vi et par dage, hvor vi i en lejet bil kørte ned langs Mississippi floden og havde et par overnatninger på små hoteller langs med motorvejen. Jeg skulle dele værelse og dobbeltseng med ham, der gik og mobbede mig, og det var ikke rart at være alene med ham, så han havde frit spil til at sige sine sårende ting.

På hjemrejsedagen, da vi befandt os i lufthavnen, prøvede han også at få mig i problemer ved at begynde at snakke til mig om, at jeg var kommunist. Vi var jo hjemmefra blevet forbudt at tale om dette i USA. Heldigvis skete der ingen ting. Jeg kom fint igennem sikkerhedskontrollen, selvom jeg ikke forstod en vagts anvisninger. Til sidst sagde jeg meget høfligt til vagten: "Excuse me Sir. I don't understand". Så sagde vagten "Sir. Look at me" og meget pædagogisk viste han mig, hvad jeg skulle gøre for at komme igennem kontrollen. Det er også den eneste gang, hvor jeg er blevet tiltalt som Sir.

Egentlig tror jeg, at det var mindreværd, der fik min midaldrende rejsekammerat til at gå og mobbe mig på rejsen. Han følte sig måske selv lidt større og bedre ved at gå og nedgøre mig. Det er en psykologisk mekanisme, de fleste af os kender.

Da min mor og far hentede mig i Aalborg lufthavn, begyndte jeg at græde, da jeg så dem, fordi det havde været så hårdt.

Jeg flyttede ind i en etværelseslejlighed i Skelagergårdene. Mine venner fra institutionen i Nørresundby Johnny, Birger og Peter besøgte mig engang imellem og vi spiste aftensmad sammen. Der var altid rigelig med øl og vin til aftensmaden.

Peter og jeg delte vores interesse for madlavning. Vi lavede bl.a. sammen den kreolske ret kylling i cola, jeg eksperimenterede med at lave avocadois, marengs og meget andet. Han eksperimenterede med duer i flødesovs, risotto med parmesanost og meget andet.

Han inviterede mig på svinenyreragout i sin toværelseslejlighed i Nørresundby. Han havde vandet nyrerne ud i kærnemælk i et døgn, lavet ragouten, som han serverede med hårdkogte æg og varme flutes, og dækket pænt op til os med porcelæn og servietter. Først roste vi begge ragouten til skyerne af ren og skær vane og høflighed, men pludselig måtte han sige "det her kan jeg altså ikke spise". Så gik det også op for mig, at det smagte skrækkeligt.

Jeg prøvede senere at lave en ret, der hed "skrumpelever". Det var svinelever vendt i mel, stegt på panden og serveret med en hjemmelavet hvidvinssovs. Det slap jeg heldigere fra.

Da jeg serverede en pastaret med kapers og ansjoser for Peter, havde jeg glemt at pille indmaden ud af ansjoserne, hvilket vi opdagede et stykke henne i spisningen. Han sagde, at det smagte som kattemad, og jeg spurgte nysgerrigt efter, hvor han havde smagt kattemad.

Jeg havde haft Peter og Birger med på flere vandreture med overnatning i naturen. Vi havde også været på kanotur alle tre og været ved at kæntre i kanoen. Nu havde jeg så fundet på, at vi skulle på en uges sommerferie i København.

Vi tog bussen fra Aalborg til København og indlogerede os på vandrehjem. Peter kendte København og var vores guide.

Vi var på medicinsk historisk museum, hvor vi bl.a. så nogle gamle tandlægebor og en dårekiste. En lille lukket kasse, hvor man i gamle dage "opbevarede" psykisk syge, så de var gemt af vejen. Det må have været frygteligt klaustrofobisk og gjort forbandet ondt at ligge i dårekisten. Ved synet af disse ting, måtte jeg konstatere, at der var sket fremskridt i menneskehedens historie.

Vi var på Glyptoteket med alle statuerne og de smukke gamle bygninger, men vi blev bedt om at forlade stedet, fordi vi havde vores rygsække på og havde glemt at stille dem i garderoben.

Vi var på Erotisk museum og på Christiania. På Christiania nød vi en øl i solen og mødtes med Peters bror, der boede i København.

Mest var vi dog på Københavns mange værtshuse og ugen, hvor vi var i København, var vi mere eller mindre fulde fra morgen til aften.

En morgen drak vi morgenbajere med nogle hjemløse, som Peter faldt i snak med. De hjemløse var venlige og vi var straks accepteret blandt dem.

En nat var Peter forsvundet. Birger og jeg blev bekymrede, da han ikke lå i sin seng på vandrehjemmet, men det viste sig, at han blot var gået på druk alene. Næste morgen kom han dinglende beruset ind i vandrehjemmets reception, hvor der stod en skål med kondomer, hvor man frit kunne forsyne sig. Han tog en stor håndfuld kondomer og kom dem i lommerne på sin slidte jakke. Den kvindelige receptionist kiggede forarget på ham, men han var ligeglad. Han sagde bare til hende:

"Ja, man ved jo aldrig, hvornår man får brug for nogen".

Dertil svarede hun:

"Nej, men du har næsten taget alle dem, der lå i skålen".

Beruselsen ville ikke rigtig aftage fra Peter den dag og senere samlede han et stokkeskaft op fra gaden og gik to æresrunder rundt om sig selv. Stokkeskaftet kunne Birger og jeg ikke få ham til at skille sig af med.

Jeg var ung og nød friheden og den løsslupne stemning ved at være med mine to venner på ferie i København. I min tidlige ungdom i Hjørring havde det virket umuligt at få venner, men nu havde jeg efterhånden en pæn stor omgangskreds af mennesker, som jeg kendte fra socialpsykiatrien og Socialisternes Hus.

Jeg var også flere gange i København i forbindelse med mit politiske arbejde. Jeg var bl.a. til kongres i KPiD, der blev afholdt i København, og til skolingsarrangementer i KPiD, der ligeledes blev afholdt i København. Togturen fra Aalborg til Hovedbanegården blev velkendt for mig.

Skolingsarrangementerne var med de andre unge partimedlemmer fra forskellige steder i landet og vi blev undervist i politisk teori. Blandt de andre unge partimedlemmer var der et par søde og sociale piger fra København, der viste mig lidt omsorg, men de andre unge havde mest en overlegen distance til mig og gjorde sig ofte morsomme på min bekostning.

Til skolingsarrangementerne sad jeg med min lille blok og kuglepen og tog notater om merværdi, dialektisk materialisme og hvad vi ellers skulle vide. Mest ventede jeg på, at vi var færdige med den teoretiske del og gik over til hygge med god mad og øl, så jeg kunne snakke lidt med de to flinke piger fra hovedstaden.

På vores kongres kunne jeg ikke rigtig koncentrere mig om de lange udredninger og diskussioner og jeg var mest nede ved den lille bod og tanke op med øl og sandwich.

Da jeg var til K-festival (Kommunistisk festival) i Nørrebroparken i København, kom der nogle unge etniske danske drenge, som begyndte at lave lidt ballade. Så tog en af mine partikammerater en diskussion med dem og det gik op for dem, at vi arbejdede for at forbedre de vilkår - både nationalt og internationalt - som var den naturlige årsag til deres frustrationer.

Værre blev det senere på natten, da vi var nogle unge partimedlemmer, som var gået hen til en pølsevogn og det kom til et beruset skænderi mellem en ung partikammerat fra Horsens og en ældre mandlig kunde ved pølsevognen.

Den mandlige kunde sluttede skænderiet af med en grov bemærkning, der var under bæltestedet, og kammeraten fra Horsens tog så sin hotdog og smed den i hovedet af ham. Herefter sprang den mandlige kunde på kammeraten fra Horsens og tog kvælertag på ham.

"Ring 114", råbte de andre til mig, da jeg havde en mobiltelefon.

Det lykkedes mig at få tilkaldt politiet. Ved lyden af sirener forsvandt voldsmanden. Det var første gang, at jeg oplevede vold i nattelivet. De andre omkring mig tog ikke episoden så tungt, så jeg tog heller ikke episoden så tungt. Kammeraten fra Horsens havde fået nogle røde plamager på sin hals. Værre var det ikke.

Det var mest den aktivistiske del af partiarbejdet, der tiltalte mig. Uddeling af løbesedler, opsætning af politiske plakater og deltagelse i demonstrationer.

Vi kunne få en bøde for at plastre skilte, mure og andre ting til med tapetklister og plakater og en af os skulle derfor holde udkig efter patruljevogne, når vi satte plakater op.

Da jeg havde den opgave første gang, stod vi på den befærdede gade Boulevarden i Aalborg, hvor min kammerat i smug hængte nogle plakater op, mens jeg holdt udkig. Pludselig kom en patruljevogn kørende og der gik lidt panik i mig. Jeg kom derfor til højt at råbe: "Politiet kommer" og dermed tiltrak vi os alles opmærksomhed med mit råb. Ved et lykketræf lykkedes det dog min kammerat at smutte væk og undgå en bøde.

En anden gang, vi hængte plakater op, blev vi overfuset af en ældre mand, der var meget vred over, at Aalborg Kommune skulle betale for at få vores "svineri" pillet ned. Det var vilkårene ved at være aktivist.

I Århus havde der været en del tilfælde af vold og chikane fra højreekstremister mod venstreorienterede. Derfor blev der indkaldt til en større anti-nazistisk demonstration i Århus.

Vi fyldte en bus i Aalborg og kørte til Århus for at deltage i demonstrationen. Mine partikammerater fra Aalborg, herunder Villy Fuglsang, der var over 90 år, og jeg selv, var med i bussen.

Til demonstrationen var vi en større forsamling med flag og bannere. Villy Fuglsang holdte en tale, mens en anden holdte megafonen for ham. Han fik store bifald.

Pludselig fik to af mine partikamerater fra Aalborg øje på to højreekstremister, der i skjul stod og filmede hele vores forsamling med et videokamera. De prøvede at registrere os og indsamle oplysninger om os til senere brug. Helt spontant løb mine to partikammerater efter dem for at smadre deres kamera. Inden de nåede at indhente dem, blev de dog stoppet af nogle betjente og måtte vende om.

På vej hjem i bussen fortalte mine to partikammerater stolt Villy Fuglsang om hændelsen. Han var ganske uimponeret og svarede bare tørt "under krigen skød vi dem".

Ved en anden lejlighed oplevede jeg Villy Fuglsang komme gående til et medlemsmøde i KPiD og deltage i mødet, selvom han havde lungebetændelse. Det tog han ikke så tungt, skønt han var over 90 år.

Selv havde jeg æren af at veksle nogle ord med Villy Fuglsang i ny og næ, men det var bestemt ikke meget, jeg talte med ham.

Det var mest fredsarbejdet og modstanden mod George Bushs Irak krig, vi havde på dagsordenen i KPiD. Vi var flere fra partiafdelingen, der engagerede os i Aalborg Fredsaktion. Vi vidste godt, at vi ikke ville blive valgt ind i Folketinget foreløbig, så at engagere os i folkelige og progressive bevægelser, herunder Aalborg Fredsaktion, og forsøge at præge disse bevægelser i vores retning var en del af vores udenomsparlementariske strategi.

Som led i denne strategi blev jeg også hurtigt medlem af Dansk Cubansk forening og Nordkoreas venskabsforening og modtog disse foreningers medlemsblade.

Jeg blev gennem Nordkoreas venskabsforening tilbudt at deltage i en rejse til Nordkorea. Dengang i 2004 var det meget usædvanligt for en vesterlænding at få lov til at rejse ind i Nordkorea og jeg var meget beæret over at blive tilbudt at komme med på rejsen, men jeg kunne ikke betale de 40.000 kr., som rejsen kostede, og jeg kom derfor ikke med. Fra Nordkoreas venskabsforening fik jeg også tilsendt nogle skrifter af Nordkoreas store leder Kim Il Sung i engelsk oversættelse.

Dansk Cubansk forening havde en Aalborg afdeling og jeg var med til et møde med afdelingen i et mødelokale i Huset i Hasserisgade. Der blev drukket øl og røget cigaretter til mødet og en mand, der påtænkte at rejse på ferie til Cuba, fik besvaret alle sine spørgsmål. Igen faldt snakken på psykisk sygdom, men på en venlig og nysgerrig måde. Jeg skulle ikke selv stå til regnskab for noget, men et medlem af Dansk Cubansk Forening forklarede de andre, at han tidligere havde lavet politisk arbejde med en psykisk syg kvinde. Han sagde, at hun ofte følte sig aflyttet af PET og at hun nok også var blevet aflyttet i enkelte af tilfældene, men bestemt ikke hver gang hun følte sig aflyttet. Dermed blev psykisk sygdom afdramatiseret og de andre troede, at de forstod, hvad det handlede om.

I Aalborg Fredsaktion arrangerede vi nogle fredsdemonstrationer i Aalborg med taler og musikalske indslag, vi forsøgte at skaffe medieomtale og vi arrangerede også en støttefest på værtshuset Fedtebrødet med musik. Min ven Birger fra institutionen i Nørresundby fik jeg lidt med i Aalborg Fredsaktion.

Jeg havde siden min barndom været glad for at høre musik og jævnligt købt cd'er, men det var gennem politik, at jeg begyndte at gå til koncerter.

Der var dengang i 2004 et lokalt band i Aalborg, der hed den Røde Løber, som ofte stillede op til at spille i politisk sammenhæng og spille til fester i Socialisternes Hus. Da den Røde Løber vandt Band Battle på spillestedet

Skråen i Aalborg, var vi også flere partikammerater fra KPiD, som var mødt op for at støtte op om dem.

Da vi fra KPiD i 2005 deltog i den store demonstration i København mod George Bushs besøg i Danmark, fik jeg fornøjelsen af at høre Savage Rose, som spillede til demonstrationen på Rådhuspladsen.

Ved en fest i Socialisternes hus, hvor Den Røde Løber spillede deres efterhånden velkendte sange, kom jeg til at sidde ved siden af et nyt ungt medlem af vores partiafdeling. Jeg genkendte ham med det samme og fik det lidt underligt. Det var Ole, som havde gået en klasse over mig på Rudolf Steiner skolen og havde haft det meget svært. Mens mobningen fik mig til at isolere mig, havde han tacklet mobningen ved at spille klovn og få de andre fra sin klasse til at grine. Nu var han en stor og stærk jordogbetonarbejder.

Vi drak nogle øl sammen, skålede og han sagde, at vi var dem fra Rudolf Steiner skolen, der havde klaret os bedst, fordi vi nu var blevet kommunister.

Ole og jeg endte med at blive venner, men der var altid noget enten i hans blik eller tonefald, der fik mig til at tvivle på, om vi egentlig var venner.

Vi gik en del i byen sammen, da vi begge kunne lide at drikke øl. Faktisk blev han hurtigt en stamkunde på værtshusene, ligesom Peter var, og de andre, der sad fast ved baren, blev hans venner.

Han besøgte mig i Skelagergårdene og vi spillede mit nye computerspil, som jeg havde købt i Minneapolis i USA. Spillet var skydespillet Postal 2, der var blevet kåret som årets mest voldelige spil. I dag ville spillet pga. den teknologiske udvikling blive betragtet som uskyldig underholdning for skolebørn.

Han begyndte pludselig at rakke ned på spillet og virke sur og jeg skyndte mig at foreslå, at vi i stedet skulle se en dvd-film. Han fik den bedste plads på min sovesofa, mens jeg sad i en stol, da vi så filmen i min lille étværelseslejlighed. Så indrømmede han, at spillet egentlig var fint nok, men han bare ikke kunne finde ud af at spille det.

Ved et andet besøg af ham, serverede jeg mine hjemmelavede marengs, der var tilsat citronsaft. Det var før, det blev almindeligt at købe pasteuriserede æggehvider i dagligvarebutikkerne, og man selv skulle skille æggehviden fra æggeblommen. Jeg jokede med, at vi risikerede en salmonella forgiftning, og han bad mig holde kæft.

Han holdt nytårsaften med min ven Johnny fra institutionen i Nørresundby og jeg. Johnny og jeg havde gjort det til en fast tradition at fejre nytårsaften i min fasters sommerhus i Lønstrup, som jeg kunne låne kvit og frit. En nytårscigar, serpentiner, en bordbombe, engelske bøffer og pommes frites var det faste tilbehør til vores nytårsaftner.

Vi hyggede os alle tre i sommerhuset. Ole åbnede lidt op og fortalte nogle ting fra sin hårde barndom. Han var opvokset i et hjem med alkoholproblemer.

"Det har godt nok været hårdt for dig", fik jeg sagt.

Jeg vidste ikke, hvad jeg ellers skulle sige. Så tog Ole og Johnny et spil skak, mens de begge sad med rynket pande og tænkte over hvert træk.

Næste morgen opdagede Johnny og jeg, at Ole ikke var i sommerhuset. Han var stået tidligt op og taget hjem til Aalborg, før vi var vågnet.

Hvert år den anden weekend i januar afholdes i Berlin en demonstration til minde om to fremtrædende tyske kommunister, Rosa Luxemburg og Karl Liebknecht, som blev dræbt af nazister op til anden verdenskrig. Ole og jeg var med KPiD til denne demonstration.

Vi oplevede vinterkulden i Berlin, dåseøllene, der blev drukket i bussen på vej til Berlin, toiletterne på de tyske restepladser, tømmermændene dagen efter og ikke mindst den store demonstration med kommunister fra hele verden, vores flag og kampråb og alle de røde nelliker, der til sidst blev lagt ved Rosa Luxemburgs og Karl Liebknechts mindesten. Et smukt og overvældende syn af en plads bestrøet med tusindvis af røde nelliker. Sidenhen kom jeg til at deltage i denne mindedemonstration yderligere to gange.

Det kom til en bitter strid internt i KPiD om, hvorvidt partiet skulle sammenlægges med Danmarks Kommunistiske Parti - Marxister Leninister (DKP-ML), og en fraktion i KPiD valgte at bryde ud af partiet og slutte sig sammen i Kommunistisk Samling (KS), som ønskede en sammenlægning.

I Aalborg afdelingen af KPiD betød det, at afdelingens formand kaldte os ind til en samtale enkeltvis, hvor vi skulle retfærdiggøre, hvorvidt vi valgte at blive i KPiD eller valgte at gå over til KS. Der var en ond stemning og vores formand lokkede og truede for at få os til at blive i KPiD. Han tilbød Ole, at han kunne blive den nye formand for KPiD's afdeling i Aalborg, hvis han blev i partiet. Selv blev jeg kun tilbudt et måltid mad, hvis jeg blev.

Jeg kunne ikke gennemskue de politiske forskelle mellem KPiD og KS, men jeg valgte at gå over i KS, da det var den vej, de mest ressourcestærke medlemmer i min partiafdeling gik og jeg gerne ville være i parti med dem.

Ole kunne ikke stå for fristelsen til at blive formand, men han magtede ikke formandsposten, kunne ikke finde ud af papirarbejdet og tiden som formand blev derfor af få dages varighed.

En morgen blev Ole fundet i opgangen til Socialisternes Hus. Han lå sammenkrøllet, havde kastet op, var syg af druk og havde åbenbart lagt sig i opgangen på vej hjem fra byen i stedet for at gå hjem og sove. Måske havde han ikke været i stand til at gå videre. Kvinden, der fandt ham, tog sig af ham. Hun tog ham med ind i Socialisternes Hus og sørgede for, at han fik opkast vasket af sit ansigt og sin trøje.

De ældre medlemmer af vores partiafdeling snakkede om, at han havde brug for hjælp. To ældre medlemmer fik et møde i stand med hans socialrådgiver og de ville ledsage ham til mødet, men selv valgte han at gå på druk i stedet for at komme til mødet. Så blev det opgivet at hjælpe ham.

Kort efter mødte jeg ham på værtshuset, hvor han og jeg plejede at drikke øl. Jeg begyndte at snakke med ham om, hvad der dog var sket, men han var meget aggressiv. Han slog mig på ansigtet med en flad hånd. Så rejste han sig fra barstolen og gik et par skridt hen til en hærget, ældre mand, der sad og halvsov ved baren.

"Skal jeg hjælpe dig?", spurgte han den gamle mand.

Derefter gav han den gamle mand en uppercut, så han røg ned af barstolen og faldt om på gulvet. Der blev vild opstandelse på værtshuset. Den erfarne kvindelige bartender løb hen til min voldelige ven og hev ham ud af værthuset og ud på gaden. Gennem ruden kunne jeg se, at hun ophidset løftede pegefingeren og skældte ham ud. Til sidst forsvandt han hen ad gaden og hun gik ind på værtshuset og snakkede med det fortumlede offer, der var blevet hjulpet op at sidde igen. Jeg var blevet bange og skrækken sad i mig flere uger efter.

Senere tog Ole skarpt afstand fra venstrefløjen og fik holdninger, der lå langt ude til højre.

Tiden var kommet til, at jeg igen ville starte op på HF enkeltfag. Min nye socialrådgiver i Aalborg kommune kontaktede den psykiatriske institution i

Nørresundby, som jeg benyttede, og spurgte, om de mente, at jeg var klar til at starte op på HF igen. De mente, at jeg skulle benytte deres institution i længere tid og ikke starte op på HF. Dermed modarbejdede de min fremtid og forsøgte at fastholde mig i rollen som psykisk syg. Heldigvis kunne jeg alligevel starte op på HF enkeltfag på VUC i Aalborg.

En ansat på institutionen i Nørresundby fortalte mig, at han gik til håndbold med en af mine lærere på HF og at de havde snakket om mig. Selvom denne samtale sikkert var sket i en god mening, gjorde det mig meget ked af det og flov over, at de nu på HF vidste, at jeg var psykisk syg og kom i psykiatrien.

På institutionen i Nørresundby oplevede jeg også andre brud på tavshedspligten. En af mine partifæller hos kommunisterne fortalte mig således en dag, at hun kendte erhvervspraktikanten på institutionen, der havde fortalt hende om, hvad jeg godt kunne lide at lave, når jeg var på institutionen. Igen blev jeg flov, fordi mine partifæller nu havde et nøjere kendskab til min gang i psykiatrien, og jeg blev også bange for, at de nu ikke ville tage mig lige så seriøst.

Tredje gang jeg oplevede tavshedspligten blive brudt, var det en ergoterapeut-studerende på institutionen, der fortalte mig, at hendes stedmor var sygeplejerske og havde arbejdet med mig under min første indlæggelse i min tidlige ungdom.

"Har du fortalt din stedmor om mig?", spurgte jeg den studerende.

"Jeg fortalte bare, at du kom her på institutionen. Er du ked af det?", svarede den studerende.

Det var jeg meget ked af og også vred over. Jeg ønskede ikke, at sygeplejersken fra min ungdom skulle kende til det nederlag, det var for mig, at jeg ikke levede et helt normalt liv, men stadig benyttede psykiatrien.

I starten på VUC i Aalborg havde jeg været angst og isoleret i klassen, som jeg plejede, men så var en ung mand fra klassen, der var omkring de 30 år, begyndt at snakke lidt med mig. Vi snakkede mere sammen og gennem ham kom jeg også til at snakke med de andre fra klassen og føle mig bedre tilpas. Han var forstående overfor mig, men han var også fraskilt far til en lille søn og det gav ham en større modenhed end mange af de andre fra vores klasse.

Jeg begyndte at følges med ham på værtshuset Mallorca bar hver fredag, når vi fik fri fra skole. Der drak vi Rød Royal og vendte verdenssituationen. Han mente, at det var godt, jeg ville gøre en indsats med at studere i stedet for at være sløv og doven. Selv dyrkede han skydning på eliteplan og havde deltaget i internationale turneringer. Han inviterede mig også med hen i sin skytteklub, hvilket jeg dog afslog.

Jeg inviterede ham med til koncert med Peter Abrahamsen på Symfonien i Aalborg, da min partiafdeling havde skaffet mig to fribilletter til koncerten gennem partiafdelingens samarbejde med 3F. Det var en stor oplevelse at høre Peter Abrahamsen og han var glad for, at jeg havde inviteret ham med.

Han lærte mig at spille pool ved poolbordet på Mallorca bar. Vores faste ritual om fredagen på Mallorca bar var, at vi drak 6-7 Rød Royal sammen og så fortsatte han videre i byen med sine andre venner, mens jeg gik hen ad Prinsensgade til Aalborgs billigste grillbar Fontænen, hvor jeg nød at spise 4 cheeseburgere eller 4 hotdogs. Herefter gik jeg de få meter til banegården, købte en pose flæskesvær og tog toget til Hjørring, mens jeg spiste mine flæskesvær i toget.

På banegården i Hjørring blev jeg hentet af min far og så holdt jeg weekend i Hjørring hos mine forældre og min yngste søster, som stadig boede hjemme. I weekendens løb var vores familie på gåture rundt omkring i skovene, inden jeg blev kørt til banegården og tog toget hjem til Aalborg.

Til sidst havde jeg en fuld HF eksamen med et snit på 9,1 på den gamle karakterskala. Studenterhuen havde jeg fravalgt, da jeg betragtede den som noget borgerligt snobberi.

Det første, jeg gjorde, da jeg havde overstået min sidste eksamen på VUC i Poul Paghs gade i Aalborg, var at cykle hen på institutionen i Nørresundby og konfrontere de ansatte med, at jeg nu var HF student, selvom de havde forsøgt at forhindre mig i at genoptage HF. De var ligeglade og da der tikkede en telefax ind på institutionens kontor med en lykønskning til mig, stak de bare surt telefaxen i hånden på mig. Det var min far, der havde sendt telefaxen.

Min studenterfest holdte jeg i min fasters sommerhus i Lønstrup med Johnny, Peter og en anden bruger fra institutionen i Nørresundby. Min mor og far havde hjulpet mig med at forberede vores mad, som var pousiner indbagt i saltdej og vagtler omviklet med bacon, som vi grillede. Dertil salat og vin og lidt kryddersnaps, som jeg havde gået og hygget mig med at lave på mynteblade fra mine forældres have og grønne fyrekogler fra skoven.

Der var også tid til, at jeg kunne dyrke andre af mine interesser, mens jeg gik på HF. I min lejlighed i Skelagergårdene sad jeg ved min computer og programmerede et computerspil i Visual Basic 6.0. Jeg havde i de ensomme timer i min tidlige ungdom lært mig selv at programmere. Jeg var ikke specielt god til programmering, men jeg havde heller ikke modtaget undervisning i det.

Computerspillet, jeg programmerede, var en humoristisk quiz lidt a la quizzen Lykkehjulet, som blev vist på TV2 i flere år. Jeg havde dog givet min quiz et tvist, så den blev til "Det Røde Lykkehjul" og gevinsterne i quizzen, hvis man gættede rigtigt, var røde kampsange, som computeren afspillede. Karaktererne i quizzen var nogle af mine partikammerater, da digitale fotos af dem også indgik i mit program. Ellers blev mit program OK og lettere avanceret. Der var et lykkehjul, der drejede rundt, ord, der skulle gættes, tale og musik, og man kunne både spille flere personer mod hinanden eller spille mod computeren.

Mine partikammerater blev begejstrede for mit computerspil, da de så det, og computerspillet blev kopieret til flere cd-rommer, der blev brugt som gevinster til et lotteri, som min partiafdeling afholdte til en af vores "indsamlingsfester". Det var fester, hvor overskuddet fra festen gik til udgivelse af de   tre kommunistiske aviser i Danmark.

Jeg dyrkede også min interesse for at skrive og på egen hånd gik jeg i gang med at lave et blad, der ligesom Kristelig Dagblad skulle beskæftige sig med livets store spørgsmål. Jeg ringede derfor til den daværende præst i Budolfi kirke i Aalborg og aftalte, at jeg kom og lavede et interview med ham. Han havde tid til at se mig i præsteboligen en morgen og jeg dukkede op med min gamle diktafon. Han bød mig på morgenmad og jeg stillede ham nogle dybe og kringlede spørgsmål om kristendommen. Efter interviewet sagde han, at han måtte indrømme, at jeg havde sat ham på arbejde med mine spørgsmål og han havde svært ved at svare på flere af dem.

For anden gang i mit liv kontaktede jeg Dialogcentret på mail og stillede dem de samme spørgsmål om kristendommen for også at få deres vinkel med i mit blad. En person fra Dialogcentret besvarede spørgsmålene i min mail, men han spurgte også ind til mig og mit liv og det udviklede sig til en længere korrespondance, der mest handlede om tro.

Han og jeg havde nogle ting til fælles. Før han blev kristen, havde han nemlig også været engageret på venstrefløjen, og i sin barndom havde han også haft dårlige erfaringer med en nyreligiøs sekt, ligesom jeg havde dårlige erfaringer med Rudolf Steiner skolen. Han skrev, at venstrefløjen havde været ok for ham, men kristendommen var meget bedre. Det lå lidt i luften, at jeg, ligesom han havde gjort, skulle vinke farvel til politik og blive kristen. Det kom dog ikke til at ske. Jeg blev i politik, men jeg købte dog en enkelt cd med kristen musik.

Han opdagede hurtigt, at jeg nok drak lidt for mange øl, og det havde han jo ret i. Vores korrespondance sluttede, da han skrev, at han hellere ville snakke med mig i telefonen. Jeg var for genert til at ringe til ham, men jeg havde jo også fået svar på de spørgsmål, der i første omgang var anledningen til, at jeg kontaktede ham.

Jeg fik færdiggjort mit blad om livets store spørgsmål. Der udkom kun det ene nummer af bladet, men de få personer, der læste det, syntes dog, at det var interessant. Det var sidste gang, jeg brugte min gamle diktafon med små kassettebånd.

Min HF-eksamen brugte jeg til at blive optaget på danskstudiet på Aalborg universitet. I den forbindelse var jeg til et møde med min nye socialrådgiver, som tilkendte mig revalideringsydelse i 5 år til at tage en cand. mag. i dansk. Som del af min revalideringsplan skulle min kandidatudannelse ende ud med, at jeg blev informationsmedarbejder i det offentlige eller private og arbejdede med at udarbejde informationsmateriale. Det var usædvanligt at blive tilkendt revalideringsydelse i 5 år, men jeg fik lov til det, fordi gennemsnittet på min HF eksamen var godt. Inden da havde jeg været på for-revalidering, som svarede til kontanthjælp.

Jeg var gået en anden vej end den vej, som psykiatrien i min ungdom ville have mig til at gå. Jeg var ikke førtidspensionist og jeg boede ikke på psykiatrisk institution. Det vurderedes derimod, at jeg kunne gennemføre en kandidatuddannelse på normal tid og få ansættelse bagefter. Jeg valgte at læse dansk, fordi jeg altid havde interesseret mig for at skrive. Jeg valgte ikke at blive bibliotekar, som Johannes fra institutionen i Nørresundby ville have haft mig til. At færdiggøre min HF og blive optaget på universitetet var en af de ting, som jeg ikke havde troet var muligt i min tidlige ungdom. Året var 2006, jeg var 26 år gammel og jeg gik på 1. semester på dansk på Aalborg Universitet.

Kasper, som jeg kendte fra institutionen i Nørresundby, startede op på 1. semester på dansk på Aalborg Universitet sammen med mig. Johannes havde inspireret både Kasper og jeg ved sit forfatterskab og gennem sit skriveværksted på institutionen i Nørresundby.

Til forelæsningerne på universitetet var jeg angst og døjede derfor med at koncentrere mig. Jeg sad og ventede på vores pauser, så jeg kunne gå ud og ryge to cigaretter sammen med Kasper.

Vi havde en del gruppearbejde og gruppeeksamen, som Aalborg Universitet jo er kendt for. Først skulle vi lave et pilotprojekt for at blive introduceret til, hvordan det fungerede med forelæsninger, gruppearbejde og gruppeeksamen. Det var en udfordring for mig at følge med i snakken i min gruppe. Vi skulle arbejde med noget af det samme stof, som jeg kendte fra HF. Jeg foreslog, at vi delte vores projekt op i forskellige punkter og hver især skrev et punkt. Det var de andre med på. Så kunne jeg sidde og arbejde selvstændigt med min del af projektet og så var det alligevel ikke så meget gruppearbejde. Vi bestod eksamen med vores projekt.

Jeg hængte i på universitetet og det gik fremad med små skridt. Så dukkede en distriktssygeplejerske fra psykiatrien op i min lejlighed i Skelagergårdene. Han viste mig nogle tykke ruller af tynd plastic, som han havde med. Indeni den tynde plastic var der piller. Man skulle hive et lille stykke af rullen hver dag og de piller, der var i stykket, skulle man så tage den pågældende dag.

"Det er dosispakket medicin og det er nemt at finde ud af", sagde distriktssygeplejersken.

Ja tak - jeg gik på universitetet, så jeg kunne godt finde ud af at hive et stykke plastic af en rulle hver dag. Jeg skulle have den nye dosispakkede medicin, for jeg var blevet for tyk af min tidligere psykofarmaka. Dette havde psykiatrien besluttet henover hovedet på mig uden at tage mig med på råd eller indkalde mig til møder. I forbindelse med mit medicinskift, skulle jeg gå til samtaler på psykiatrisk sygehus.

"Det er også nemt, for psykiatrisk sygehus ligger tæt på universitetet", sagde distriktssygeplejersken.

Jeg fik det hurtigt meget dårligt af den nye psykofarmaka. Det startede med, at jeg ikke orkede cykle fra mit hjem i Skelagergårdene til universitetet, men begyndte at tage bussen. På universitetet blev mine håndskrevne noter mere og mere uoverskuelige og kaotiske. En dag sad jeg i bussen på vej hjem fra universitetet og havde en frygtelig følelse af "dommedag og undergang" og indvendig sagde jeg til mig selv "jeg kan ikke mere". Det gik op for mig, at jeg måtte i kontakt med psykiatrien for at stoppe den skade, som de nye piller havde gjort.

Jeg kunne ikke finde hen på psykiatrisk sygehus, som skulle ligge tæt på universitetet i Aalborg Øst. På mig virkede både universitetet og Aalborg Øst som en labyrint og det var svært nok for mig bare at finde rundt på universitetet. Jeg prøvede i en periode dagligt at ringe til min distriktssygeplejerske, fordi jeg ikke kunne finde hen på psykiatrisk sygehus, men han tog ikke telefonen. Så fandt min far en mailadresse til administrationen på psykiatrisk sygehus og gav mig mail adressen, så jeg kunne skrive, at jeg gerne ville i kontakt med min distriktssygeplejerske. Distriktssygeplejersken dukkede så op i min lejlighed, var sur og mente, at det var helt forkert, at jeg havde skrevet til ledelsen på psykiatrisk sygehus. Han stillede mig nogle spørgsmål til, hvordan jeg havde det dårligt, men der kom intet ud af hans besøg.

Jeg fik det endnu værre og der var dage, hvor jeg blev hjemme fra universitetet. En dag, hvor jeg var gået ned i Netto på Skelagervej for at handle, fik jeg pludselig en stor smerte i mellemgulvet. Jeg vidste ikke, hvad det var. Smerterne begyndte at komme oftere og oftere. Jeg begyndte at sidde alene angst og vente, fordi jeg vidste, at smerten ville dukke op.

Smerterne fik mig til at isolere mig. Jeg gik til flere konsultationer hos min læge. Lægen kunne ikke finde nogen fysisk årsag til mine smerter og til sidst blev han irriteret på mig, fordi jeg blev ved med at komme. Jeg blev også ultralydsscannet uden noget svar på smerterne.

Skelagergårdene havde hele tiden været et meget socialt belastet kvarter, men tidligere havde jeg ikke været så påvirket af de sociale problemer, fordi jeg havde været så meget hjemmefra og haft det bedre. Et par, der boede i min blok, havde alkoholproblemer og manden bankede konen. Mens jeg sad isoleret med mine smerter, kunne jeg høre deres råb og skrig, og det var en pinsel oveni hatten. Til sidst fik manden et polititilhold, som han brød. En dag lå konen sanseløst beruset på jorden udenfor blokken. Jeg blev endnu mere bange for at gå udenfor min dør. Jeg sad bare i lejligheden med mine uforklarlige smerter.

Jeg havde fået en stor byld på ryggen. Jeg reagerede ikke på, at jeg havde bylden, og jeg opdagede det knap nok, fordi mine smerter fyldte det hele. En dag begyndte der at sive betændelse ud af bylden, hvilket min bostøtte opdagede pga. lugten af betændelse. Da min bostøtte så bylden, blev hun meget forskrækket og sagde, at jeg skulle til lægen øjeblikkeligt. Jeg ringede så til min praktiserende læge og fik en tid samme dag, mens min bostøtte råbte i baggrunden for at sikre sig, at jeg fik sagt det rigtige til min læge i telefonen.

Jeg tog alene bussen ind til min læge. Min læge kunne godt se, at der skulle gøres noget ved bylden. Han bad mig ligge mig på maven på briksen og så ville han lægge et snit i bylden med sin skalpel, så betændelsen kunne løbe helt ud. Så skete der det, at skalpellen smuttede for ham, han skar lige ned i ryggen på mig, der gik panik i ham og han forlod mig i konsultationsrummet. Der kom en sygeplejersken ind til mig, som vredt og ophidset råbte, at lægen skulle komme og lægge en forbinding. Lægen kom og lagde en forbinding. Han spurgte mig efter, hvorfor jeg ikke havde skreget, da han skar i mig. Jeg svarede, som sandt var, at jeg ikke havde skreget, fordi jeg troede, at det var meningen, at det skulle gøre så ondt. Sygeplejersken sagde til lægen, at han skulle oplyse mig om mine klagemuligheder. Lægen spurgte mig så efter, om vi kunne slå en handel af. Han ville give mig en førtidspension, hvis jeg undlod at klage. Jeg var på ingen måde interesseret i en førtidspension. Jeg ville studere og arbejde. Jeg klagede heller ikke over lægen.

Dagen efter blev jeg indlagt på Hjørring Sygehus og fik såret ordnet i fuld narkose. At være i narkose, hvor man mister tidsfornemmelsen, er den bedste søvn og noget af det mest behagelige, som jeg nogensinde har prøvet. Jeg blev hurtigt udskrevet fra Hjørring Sygehus og kom hjem til mine forældre, hvor jeg var i en periode, mens der dagligt kom en hjemmesygeplejerske og rensede mit operationssår. Der var nu gået så lang tid siden, at jeg sidst havde været til forelæsning på universitetet, så jeg valgte at droppe ud af min uddannelse.

En dag henne på institutionen i Nørresundby, hvor snakken faldt på uddannelse, gjorde jeg opmærksom på, at institutionen ville forhindre mig i at starte op på HF, selvom jeg fik en flot HF-eksamen. En ansat på institutionen gav mig så det svar, at jeg jo også skulle have noget at bruge min HF-eksamen til. Hun hentydede til mit nederlag med universitetet og mente altså, at jeg ikke skulle have haft min HF-eksamen, når jeg ikke kunne færdiggøre en uddannelse efterfølgende.

Kapitel 5 "Nørresundby"

Min mor og far tog med mig til en samtale hos en psykiater. Vi kom fem minutter for sent til samtalen, fordi min far ikke kunne finde en parkeringsplads, og psykiateren brugte lang tid på at fortælle os, hvor travlt han havde og hvor meget vigtigt, han skulle nå i løbet af en dag. Han mente, at vi havde spildt hans tid ved at komme for sent. Han kiggede på mig og sagde, at jeg gik som en robot. Det samme skrev han i min journal. Det blev jeg såret over at få at vide. Han gav mig et andet psykofarmaka-præparat, men mine smerter tog til og jeg fik det værre.

Jeg prøvede at flytte fra problemerne. Med min bostøttes hjælp fik jeg en toværelseslejlighed i centrum af Nørresundby tæt på, hvor Peter boede. Jeg kunne da også flytte væk fra de triste omgivelser i Skelagergårdene med alle de sociale problemer, men jeg kunne ikke flytte væk fra mine egne problemer med mine uforklarlige smerter og mit indvendige "helvede", som jeg havde fået, efter jeg havde skiftet psykofarmaka.

Peter var i første omgang ikke glad for, at jeg skulle bo så tæt på ham. Han var bange for, at jeg ville rende ham på dørene. Da jeg var flyttet ind, lod jeg derfor være med at kontakte ham. Siden kom han selv med en indflyttergave og vi genoptog kontakten.

Min mor, far og onkel hjalp mig med at flytte. Det var dejligt at have et ekstra rum og lidt mere plads i min nye lejlighed. Overfor min lejlighed lå der en kiosk, hvor de havde hotdogs og softice på tilbud. Min mor og far opmuntrede mig til at gå derover og købe hotdogs og softice, men jeg var bange for at gå ud og bange for andre mennesker.

Jeg fik det værre og værre. Jeg fik besøg af en ny distriktssygeplejerske, en ny psykiater og en lægestuderende. Jeg havde bagt en kage til dem. Psykiateren ville ikke smage min kage, men med et tonefald som om, at kagen var giftig, lavede han sjov med, at den lægestuderende skulle tage et stykke af kagen. Grinende fortalte han mig, at mine smerter var psykosomatiske, og forklarede, at hvis smerterne sad i min arm, ville jeg stadig have smerterne, selvom han savede min arm af. Han gav mig det stærkeste psykofarmaka-præparat, han havde, nemlig Leponex.

Jeg skulle fra da af have taget blodprøve hver 14. dag. Leponex var nemlig bl.a. kendt for at ødelægge immunforsvaret. For mig var gåturen fra Nørresundby over Limfjordsbroen til Sygehus Nord, hvor blodprøven skulle tages, meget pinefuld. Jeg magtede det kun med en stor kraftanstrengelse. Leponex tog alle mine kræfter. Min stemme blev også svagere, jeg mistede min mimik i ansigtet og fik et dødt udtryk i mine øjne.

Jeg døjede med at stå op om morgenen og blev nogle gange i min seng. Andre gange rakte mine kræfter lige til at gå ned i supermarkedet lidt længere nede ad gaden for at købe cola, franske kartofler og nogle færdigretter, som jeg kunne varme til aftensmad. Så lå jeg ellers på min sofa hele dagen med min cola og franske kartofler og så fjernsyn. Måske var dette den værste tid i mit liv?

En dag fik jeg med en kraftanstrengelse sat mig ved min computer og startet Word op. I Word lavede jeg en krydsogtværs, som jeg printede ud og forærede til min mor, så hun kunne hygge sig med at gætte den. Jeg var glad for endelig at have udrettet lidt igen.

Psykiateren kom igen og da jeg havde fået det værre af Leponex, spurgte han mig efter, hvilken psykofarmaka jeg ville have, hvis jeg selv skulle vælge. Jeg havde intet grundlag for at vælge, men jeg slyngede bare helt tilfældigt navnet “Solian” ud. Jeg kunne nemlig pludselig huske, at jeg havde hørt Kasper, som jeg kendte fra institutionen i Nørresundby og universitetet, omtale dette præparat positivt. Jeg fik så en recept på Solian.

På trods af, at jeg havde det så dårligt, vovede jeg mig afsted til et medlemsmøde i Kommunistisk Parti (KP). Efter splittelsen i KPiD var jeg sammen med flere af mine gamle partikammerater gået med i det nydannede KP, der var en sammenlægning mellem KS og DKP-ML.

På medlemsmødet blev en kommende stor demonstration mod G8-topmødet i Rostock omtalt. Det forventedes, at det kunne komme til optøjer i forbindelse med demonstrationen. Fra vores partiafdeling skulle Torben med til demonstrationen og tage fotos til avisen Dagbladet Arbejderen, som vores parti udgav. Han var en ældre slank gråhåret mand, som ikke havde levet et nemt liv.

Det var svært for mig at være til stede på medlemsmødet og at sige noget på mødet virkede helt umuligt. Da jeg hørte om demonstrationen, kunne jeg dog mærke, at jeg gerne ville deltage i demonstrationen og have den oplevelse med. Med en kraftanstrengelse overvandt jeg mig selv og sagde på mødet, at jeg gerne ville med til demonstrationen i Rostock. Torben svarede, at jeg kunne tage med og holde hans kamerataske, når han fotograferede.

Aftenen før demonstrationen cyklede jeg ind til rutebilstationen i Aalborg, hvorfra vores bus til Rostock skulle køre. Jeg kom i god tid og det var ubehageligt og skræmmende for mig at sidde alene om aftenen på rutebilstationen og vente på de andre. Der var nemlig fulde folk og skræmmende typer på rutebilstationen. Endelig dukkede bussen og flere kendte ansigter op. Torben var der dog ikke, da jeg satte mig ind i bussen. Jeg tænkte, at jeg måtte tage til Rostock uden ham. I sidste øjeblik kom han dog cyklende med sit kamera og han nåede at komme med bussen.

Næste morgen var vi i Rostock. I byen var et kolossalt menneskemylder af folk, der skulle deltage i demonstrationen. Torben fandt fire dåseøl frem og gav mig de to af dem, så vi kunne starte med en morgenbajer. Han sagde til mig, at han havde bemærket, at jeg ikke sagde så meget, og det passede ham fint, for han ville ikke snakke om personlige problemer. Hverken mine eller sine egne.

Vi fulgte med strømmen af mennesker, der pludselig bevægede sig over nogle væltede hegn og ind på nogle togskinner. Vi gik et stykke vej på togskinnerne og fik øje på nogle bannere og flag længere fremme. Torben sagde, at vi skulle løbe op og stille os foran de forreste mennesker i menneskemængden, der havde bannere og flag, så han kunne få et godt foto. Det gjorde vi. Mens han indstillede sit kamera, holdte jeg kameratasken. Lige da han havde fået taget sit foto, satte menneskemængden i løb og vi blev begge væltet omkuld og faldt ned på jorden. Hurtigt kom vi begge op at stå og fik bevæget os væk fra de løbende demonstranter.

"Skete der noget med dig?", spurgte Torben.

"Nej", svarede jeg.

"Der er heller ikke sket noget med kameraet", konstaterede han.

Torben havde et pressekort fra Dagbladet Arbejderen og det pressekort gav os adgang til et særligt område for pressen, hvor vi gratis kunne få lidt at spise og drikke. Vi fik et par øl og midt i kaosset, mine psykosomatiske smerter og min skrøbelige sindstilstand kunne jeg slappe lidt af. Jeg vekslede et par ord på mit dårlige engelsk med en journalist fra England og bagefter var jeg lidt stolt af mig selv. Jeg følte, at mine journalist-drømme fra min tidlige ungdom var ved at god i opfyldelse, skønt jeg bare var kamerataske-holder for en freelance-fotograf.

Vi bevægede os ud for at tage flere fotos. Så hørte vi pludselig en masse sirener, så lange rækker af løbende betjente med skydevåben og politikøretøjer. Et stykke længere væk var det kommet til gadekampe mellem demonstranter og politi. Senere fik jeg at vide, at politiet havde brugt tåregas og vandkanoner. Torben faldt over en kantsten og slog sit hoved, så han blødte. Jeg spurgte ham, om ikke der skulle gøres noget ved hans sår. Det mente han ikke. På den anden side af gaden kunne jeg se nogle kendte ansigter fra Enhedslisten i Aalborg. Jeg gik over til dem og forlod Torben, da jeg ikke længere var tryg ved situationen. Mine bekendte fra Enhedslisten og jeg satte os ind i sikkerhed på en restaurant. Jeg bestilte en tre retters menu, da jeg tænkte, at dette her måtte være en af milepælene i mit liv.

Efter middagen forlod vi restauranten og ventede på bussen, som skulle køre os til Aalborg. Torben dukkede også op i nogenlunde god behold. Mens jeg ventede på bussen, havde jeg det elendigt. Mine psykosomatiske smerter var taget til og jeg havde det forfærdeligt indvendigt, men jeg fortrød ikke, at jeg var taget med til demonstrationen, for jeg følte, at jeg havde udrettet en bedrift.

Til sidst hentede mine forældre mig i min lejlighed i Nørresundby og kørte mig hjem til dem i Hjørring, fordi jeg havde det så dårligt. Hos mine forældre var jeg vågen nogle døgn i træk, da jeg havde for meget uro i kroppen og for mange psykosomatiske smerter til at kunne sove. Mit største ønske var at kunne sove. Min far tog mig så med til den psykiatriske skadestue, hvor de gav mig en recept på sovepiller.

Kort efter blev jeg indlagt på psykiatrisk sygehus for anden gang i mit liv. På psykiatrisk sygehus blev jeg trappet ned i mine store mængder medicin og jeg fik at vide, at jeg havde været overmedicineret. Langsomt fik jeg det bedre. Min mor og far besøgte mig næsten dagligt på sygehuset. Jeg var den patient, der fik flest besøg. Mine to mostre besøgte mig også på sygehuset. I besøgstiden tog min familie mig med på små gåture og køreture.

En dag, hvor min far besøgte mig på psykiatrisk sygehus, fortalte han, at han havde været til fætter-kusine-fest, hvor der var kommet nogle hemmeligheder frem: Min bedstefar og hans to brødre havde siddet i tugthus lige efter Anden Verdenskrig. Min bedstefars ene bror skulle i tugthus, fordi han havde været i Frikorps Danmark. Hvad min bedstefars anden bror, havde gjort, var uvist, og min bedstefar skulle i tugthus, fordi han havde arbejdet for tyskerne som brandmand på deres flyvestation i Aalborg. Han havde også været i Tyskland under krigen og blive uddannet til brandmand. Min bedstefars halvsøster var datter af en tysk soldat.

Det var jo mildest talt en helt anden familiehistorie end den historie, som de frihedskæmpere og børn af frihedskæmpere, jeg havde mødt hos kommunisterne, havde. Jeg syntes, at det var synd for min bedstefar, at han skulle have det med i bagagen, for han var jordens flinkeste mand, og jeg satte mig for at finde ud af mere om hans og hans søskendes historie.

Efter jeg var blevet udskrevet fra psykiatrisk sygehus, begyndte jeg jævnligt at besøge min bedstefar i Hjørring, som nærmede sig 80 år. Jeg ringede til ham og spurgte, om jeg skulle komme og slå hans græsplæne. Nogle gange passede det min bedstefar, at jeg kom forbi, andre gange passede det ham ikke. Efter min bedstemors død var han begyndt at holde sig meget for sig selv og han sad mest foran fjernsynet. Når jeg besøgte ham, købte jeg først to store flødekager ved bageren, som jeg medbragte. Han satte så en kande kaffe over, mens jeg slog hans græsplæne. Så spiste vi flødekagerne og drak kaffe og snaps. Han spurgte først, om jeg skulle have en snaps til det ene ben, dernæst om jeg skulle have en snaps til det andet ben, og til sidst, om jeg skulle have en snaps at køre hjem på. Det var det faste ritual. Min bedstefar var en mand af få ord og det var ikke så meget, vi sagde til hinanden.

En dag spurgte jeg min bedstefar, om han havde lyst til at besøge mig i min lejlighed i Nørresundby. Helt tilfældigt var det den 4. maj, som jeg inviterede ham til. Han så mærkelig ud i ansigtet og svarede, at på den dag ville han ikke sætte sine ben i Aalborg, for for længe siden blev han på den dag kørt rundt på ladet af en lastbil i Aalborg, mens folk råbte og spyttede efter ham. Jeg kunne godt regne ud, at det var retsopgøret efter besættelsen, han hentydede til.

“Det må ikke have været rart”, fik jeg sagt. Jeg vidste ikke, hvad jeg ellers skulle sige.

Min bedstefar besøgte mig i Nørresundby på en anden dato. Mest var han imponeret over, at der var en elevator i ejendommen, hvor min lejlighed lå. Han kunne huske, hvordan Nørresundby havde set ud før i tiden.

Mine to mostre begyndte også at besøge mig i min lejlighed i Nørresundby. Vi lavede en madklub, hvor vi spiste sammen en gang om ugen. Bl.a. lavede vi frølår med hvidløg og torsk med sennepssovs. Jeg tog mig ikke af, at mine mostre gik i mine skuffer og skabe uden at spørge om lov først. Ej heller at de var venner med forældrene til nogle af de børn fra min traumatiske skoletid, der havde gjort mig så meget skade. Jeg var stadig ikke god til at sige fra, men jeg var bare glad for at få besøg. Senere kom min mosters veninde og min onkel også med i madklubben.

En aften gik min ene moster og jeg over i kiosken overfor min lejlighed for at købe en softice. Vi stillede os i kø, men pludselig kom en maskeret røver med en pistol eller attrap (det kunne jeg ikke afgøre) løbende ind i kiosken. Han råbte, at det var et røveri og at vi alle skulle lægge os ned på gulvet. Jeg var for langsom til at lægge mig ned på gulvet og røveren gav mig derfor et skub på skulderen. Hurtigt havde han fået sine penge og var ude af butikken. Ekspedienten sagde, at vi ikke måtte forlade butikken, før politiet havde været der. Hurtigt kom der en patruljevogn og to betjente. I sådan en situation ved man ikke, hvordan man reagerer, og vi reagerede alle forskelligt. Jeg stod og græd, mens jeg snakkede med politiet, og jeg kunne ikke give betjentene nyttige oplysninger. To små drenge tog det derimod koldt og roligt og gav politiet et detaljeret vidneudsagn. Ekspedienten græd også og sagde, at hun ville sige sit job op. Min moster blev overstadig, grinede og lavede sjov. Da vi kom tilbage i min lejlighed efter røveriet, fik jeg en øl og en cigaret og så lagde jeg den oplevelse bag mig. Jeg havde oplevet værre ting i mit liv.

Når mine mostre og jeg var færdige med madklubben, mine mostre var kørt hjem og mørket begyndte at sænke sig, var det begyndt at blive slemt med min angst. Jeg gik derfor over i kiosken og købte seks øl, for jeg havde opdaget, at alkohol kunne tage angsten. Hurtigt begyndte jeg næsten hver aften at drikke seks øl. Det var min måde at løse problemet med angsten på. Jeg var ikke i stand til at sætte ord på, at jeg havde angst eller andre ting, overfor de ansatte i psykiatrien. I mine studier havde jeg været god til at sætte de rigtige ord på en tekst, men jeg kunne stadig ikke sætte ord på mig selv. Tanken, at angsten var en bivirkning ved min medicin og at der fandtes andre midler mod angst end alkohol, havde ikke strejfet mig.

Jeg begyndte at komme i det socialpsykiatriske støttecenter, der lå tæt på min lejlighed. Der fik jeg mine nye venner Dorte, Niels, Søren og Didrik.

Dorte var en moden kvinde, der havde en mand og en halvvoksen søn. Hendes mand arbejdede på fabrik. Hver dag, når hun gik hjem fra støttecentret, gik hun forbi slagteren og købte skiveskåret pålæg, som hun kom i den madpakke, som hun dagligt smurte til sin mand og gav ham med på arbejde. Hendes søn klarede sig godt i skolen.

Dorte og jeg gik godt i spænd på støttecentret. Vi snakkede sammen og var enige om det meste, mens vi sad og røg cigaretter og drak kaffe i støttecentrets have. Bl.a. var vi enige om, at vi ikke gad høre på, når personalet på støttecentret fortalte os om deres sommerferier og udlandsrejser. Selv var vi brugere af støttecentret jo ikke på arbejdsmarkedet, havde ikke ferier og kom ikke ud at rejse.

Hver torsdag skulle brugerne af støttecentret lave lidt lettere rengøring af støttecentrets lokaler og belønningen for det var, at vi fik kage til kaffen. Det var kun Dorte og mig, der kom og gjorde rent. De andre brugere dukkede først op senere, når vi skulle have kagen. Når Dorte og jeg klagede over, at vi var de eneste, der kom og gjorde rent, fik vi at vide, at vi skulle tage et ansvar. En del af støttecentrets pædagogik var, at de brugere, der havde mest overskud, skulle tage det største ansvar. Det resulterede bl.a. i, at vi alle skulle gå og samle cigaretskodder op i haven efter en meget syg og medtaget ældre kvinde, som ikke ville eller kunne bruge det udendørs askebæger. Jeg mente, at det var en bedre pædagogik, hvis vi hver især skulle rydde op efter os selv.

Til sidst ville Dorte og jeg ikke blive ved med at være de eneste, der gjorde rent. En torsdag blev vi derfor væk fra støttecentret og satte os i stedet op i min lejlighed, hvor vi delte en stor Othello-lagkage, som jeg havde købt. Vi hyggede os rigtig, mens vi spiste kage og drak kaffe. Så ringede Dortes mobiltelefon. Det var en ansat fra støttecentret, der ringede og ville vide, hvorfor hun ikke var kommet til rengøringen. Hun svarede, at vi ikke kom, fordi vi ikke ville være de eneste, der gjorde rent.

"Så får I ingen kage!", sagde den ansatte.
"Vi kan heller ikke spise mere kage, for vi har lige spist en halv Othello-lagkage hver", var Dortes svar.

Vi fandt også på sammen at tage bussen til Aalborg, hvor vi både fik en enkelt fadøl og en frokost på en café.

Til sidst skiltes vores veje, da Dorte valgte at stoppe med at bruge psykiatrien, fordi hendes bostøtte prøvede at sygeliggøre hendes raske søn.

Niels fra støttecentret var også ældre end mig. Han var midaldrende, havde lidt skæg og røg en masse Grøn Cecil. Han var meget venlig overfor mig og alle andre, som han mødte på sin vej. Han havde en lejlighed i et bofællesskab. Han kunne spille nogle akkorder af Bob Dylan-sange på sin guitar og han inviterede folk, han mødte, op i sin lejlighed, så de kunne høre ham spille guitar. I sin lejlighed havde han et par tusind bøger. Der var bøger over det hele i de to små rum, der udgjorde hans lejlighed. Han havde handlet så meget i boghandlen rundt om hjørnet, så han havde fået en vis anseelse i butikken. Når han trådte ind i boghandlen, kom ejeren af boghandlen og gav hånd til ham, snakkede lidt med ham og fandt de bøger, som han ville købe den dag. Hans store interesse var fagbøger, bøger om kultur og filosofi, men også skønlitteratur. Hans læsning gav ham en bred viden og han kunne snakke med om det meste.

I sin ungdom havde han læst på Aalborg Universitet og været i udlandet i forbindelse med sine studier. Det var dog også i studietiden, at han fik sin sindslidelse, der til sidst satte en stopper for hans studier og det liv, han havde i vente. Han havnede på Aalborg psykiatriske sygehus, der efter endt indlæggelse valgte at placere ham sammen med svært invalide personer på et plejehjem. Han sagde, at han blev institutionaliseret af årene, hvor han var på plejehjemmet og hans eneste selskab hovedsageligt bestod af svært invalide personer. Opholdet på det plejehjem var et slag mod ham og et traume, som han aldrig kom sig over. Engang imellem blev han grebet af frustrationer og bitterhed over dette og så skældte han højlydt ud. Til sidst blev han flyttet fra plejehjemmet til bofællesskabet, hvor han trivedes lidt bedre.

Hans bedste ven og kammerat fra studietiden viste sig at være Sørensen, som også var Peters ven og som jeg havde mødt gennem Peter på værtshuset Boulevardcaféen nogle år tidligere. Sørensen og jeg besøgte Niels gennem de samme år. Dog uden at vi nogensinde stødte på hinanden i hans lejlighed. Det var først langt senere i livet, at Sørensen og jeg blev venner.

På de lange aftener i min lejlighed var det dejligt, når Niels ringede til mig på min gamle fastnettelefon og spurgte, om jeg ikke kom hen i bofællesskabet og besøgte ham. Så gik jeg fra min lejlighed til hans hjem. Der sad vi mellem alle hans bøger og røg cigaretter og snakkede. Nogle gange havde jeg taget nogle guldøl med til mig selv. Han nøjedes med kaffe. Vi snakkede om minder, familie, venner og bøger. Jeg prøvede at opmuntre ham til at undervise os andre på støttecentret i litteratur, men det ville han ikke. Jeg fik ham overtalt til, at vi skulle prøve et rygestop kursus i socialpsykiatrien, men ingen af os stoppede dog med at ryge af dette kursus. Faktisk stoppede ikke en af eneste af kursisterne med at ryge i forbindelse med kurset.

Engang var min mor alene i min lejlighed, da han ringede på min fastnettelefon og hun tog telefonen. Det endte med, at min mor fik en lang snak med ham. Han kunne snakke med alle og han gjorde min mor meget glad med de ting, som han fortalte. Han fortalte bl.a. om sin barndom på landet og han fortalte, at jeg havde fortalt ham om mine søstre og at jeg holdt meget af mine søstre.

Jeg blev forarget, da personalet i bofællesskabet valgte, at Niels skulle tvangsindlægges og politiet kom og hentede ham. Niels var jordens fredeligste mand, han gjorde hverken sig selv eller andre fortræd og havde fortjent langt bedre. Niels tog situationen med oprejst pande. Han snakkede med betjentene og den ene betjent fortalte ham, at han også havde forsøgt at læse på universitetet, før han søgte ind på politiskolen. På det psykiatriske sygehus spillede han på sin guitar for rengøringspersonalet, når de gjorde rent på hans stue.

En dag mødte jeg Niels i køkkenet på Støttecentret, hvor han var brudt sammen i gråd og havde besvær med at spise en skål yoghurt. Han fortalte mig, at han havde en svulst i spiserøret på størrelse med en appelsin. Han havde været omgivet af sundhedspersonale dagligt gennem det meste af sin ungdom og sit voksenliv. Hvordan havde de kunne overse hans kræft?

Niels blev tilknyttet det palliative team og blev boende i sin lejlighed i bofællesskabet, for han skulle dø, selvom han endnu ikke var fyldt 60. Han blev meget udmagret, fordi han døjede med at spise og hans hud ændrede sig. Bofællesskabet valgte at forære Niels en el-guitar, som de dog skulle overtage efter hans død. Var en sølle el-guitar virkelig alt, hvad denne mand kunne få som et plaster på såret? Stod det til mig, skulle han have haft en erstatning og en officiel undskyldning for årene, hvor han var fejlplaceret på plejehjemmet og de andre ting, som psykiatrien havde udsat ham for.

Jeg påtog mig at ledsage Niels fra bofællesskabet i Nørresundby til en demonstration på C. W. Obels plads i Aalborg. Demonstrationen var for bedre forhold i psykiatrien og hans store ønske var at deltage i denne demonstration. Niels var blevet meget skrøbelig og indimellem måtte jeg støtte ham, mens vi gik. Han kunne dufte pølsevognen ved C. W. Obels plads og han ønskede at smage en hotdog. Han købte én, men måtte spytte alt maden ud, fordi han ikke kunne synke den.

Niels var naturligvis ikke parat til at dø og han blev mere vred og bitter. Han nød dog at spille på den nye el-guitar og han satte sig for, at han skulle lære mig at tale fransk, før han døde. Jeg gik med på at lære fransk for at gøre ham glad.

Niels fandt nogle gamle kassettebånd med fransk undervisning og så gik vi i gang. Han blev dog for første gang meget vred på mig, fordi det var umuligt for mig at lære sproget, og så kunne jeg til sidst ikke blive ved med at besøge ham. Det havde jeg det dog lidt dårligt over og det endte derfor med, at jeg fik en ansat fra støttecentret til at ledsage mig, så jeg kunne besøge ham en sidste gang. Den ansatte nægtede Niels, at han måtte ryge i sin lejlighed, mens hun var der, selvom han var døende.

Niels havde selv talt med sognepræsten og planlagt sin begravelse og begravelsen blev holdt i den smukke Nørresundby kirke. Da vi sad i kirken og efter hans ønske sang salmen "Hil dig frelser og forsoner", kom jeg til at tænke på et dejligt minde med ham. Jeg tænkte på en julefrokost på støttecentret, hvor stemningen havde været god, vi alle havde moret os, jeg var blevet beruset og til stor morskab for ham var begyndt at synge denne salme.

Gennem årene er jeg gået til hans gravsten på kirkegården, der meget passende er udformet som en sort bog. Han havde jo så mange bøger. Jeg siger til mig selv, at navnene på dem, der gjorde Niels fortræd, "står skrevet i den bog". Ære være hans minde.

Søren, som jeg mødte på støttecentret, var 10 år ældre end mig og han var som den eneste af brugerne sportstrænet og i god form. Han løb i stedet for at tage psykofarmaka. Motion var med en psykiaters gode vilje blevet hans medicin, hvilket var ret usædvanligt dengang sidst i 00'erne. Han var ikke overvægtig af psykofarmaka og han gik ikke og pustede af overvægt og rygning, som flere af vi andre gjorde. Jeg fik kontakt med ham, fordi jeg på støttecentrets opslagstavle ophængte et opslag, hvorpå jeg havde skrevet, om nogen ville med på en vandretur, og han som den eneste skrev sig på.

Vi brugte godt fem dage på at vandre fra Hirtshals til Skagen. Samme rute, som jeg havde vandret med Peter nogle år tidligere. Han kunne lide at vandre, havde det lidt bedre end mig og havde overskud til at vise mig lidt omsorg og tage lidt ansvar under vandreturen. Vores snak gik mest på praktiske ting omkring at finde vej, slå telt op og lave mad.

Vi tog på andre vandreture. Nogle var af en dags varighed og andre var med overnatninger. Et fast indslag på vandreturene var, at vi lavede mad på mit spritkogeapparat. Jeg begyndte også at krydre vores vandreture med geocaching med min håndholdte GPS, som jeg havde købt i Spejdersport. Geocaching går ud på vha. GPS'en at finde skatte, som på spidsfindige måder er gemt i landskabet. Skattene er en lille beholder med en gæstebog og små nipsting. Reglen er, at man må tage en nipsting og skal efterlade en nipsting.

Jeg besøgte Søren i hans lejlighed, mødte hans to katte og han bestilte pizza til os. Snakken mellem os gik altid på det, som vi lavede her og nu. Vores samtaler var ikke dybere, men vi var også to forskellige steder i livet.

Vi mistede kontakten, da Søren ikke længere kom så tit på støttecentret og jeg også havde fået hans telefonnummer væk. Langt senere i livet skulle vores veje igen krydses, men da havde jeg gennemlevet en del, var et helt andet menneske, vi var mere på bølgelængde, fik et dybere venskab, kom til at dele nogle vigtige oplevelser og jeg fik den største respekt for den måde, hvorpå Søren havde kæmpet sig igennem livet.

På støttecentret mødte jeg Didrik. Han var en sorthåret, høj og kraftig mand først i 40'erne, der gik med seler for at holde bukserne oppe. Han havde en fritidsinteresse: bridge. Didrik kom i en bridgeklub og havde engang vundet en bridgeturnering, hvilket han fortalte om med stolthed. Mest holdt han af at sidde i sofaen på støttecentret og fortælle om sin viden om forskellige ting og små anekdoter fra sit liv.

Didrik var velorienteret om de andre psykisk syge i byen og han kunne lide at fortælle sjove og pinlige ting om dem, der ikke var tilstede på støttecentret. Dem, der var tilstede, udfrittede han gerne. Didrik sagde om sig selv, at han holdt meget af skæve eksistenser. Han var meget vellidt af de andre brugere, fordi han havde en facade af venlighed og virkede velbegavet.

Det, som Didrik var god til, var egentlig at holde en god facade og at fortælle en god historie. Det havde stor værdi på støttecentret, hvor samværet mest bestod i at sidde i et sofahjørne med en kaffekop.

Jeg opfattede Didrik som en meget intelligent mand og et meget godt menneske og da han indvilligede i at besøge mig en aften i min lejlighed, blev jeg meget glad. Jeg var stolt over at have ham som ven. Jeg havde købt kastanjer, som jeg bagte med salt og serverede for os sammen med flutes med ost.

Didrik besøgte mig flere gange siden. Både alene og sammen med fælles venner fra socialpsykiatrien. Hver gang han spiste middag hos mig, brillerede han med sine historier og sin fremtræden, jeg var fuld af beundring og jeg roste ham gerne. Jeg tænkte, at han måtte være den rette at spørge om livets store spørgsmål, og grundet mit nederlag med universitetet og generelt manglende selvværd, spurgte jeg ham efter, om han mente, at der egentlig var noget, som jeg var god til her i livet. Han svarede, at han mente, at jeg ville være god til at formøble en arv op. Det blev jeg ked af at høre for tanken om, at jeg en dag ville miste mine kære forældre, kunne jeg ikke bære.

En aften inviterede jeg ham sammen med to af mine partifæller fra KP, der var to modne kvinder. Jeg havde gjort meget ud af maden, for det var sjældent, at mine partifæller besøgte mig, og jeg ville gerne imponere dem og Didrik med min kogekunst. Jeg havde lavet flere retter mad og der var både skaldyr, steg, desserter og natmad. Jeg havde stablet fem tallerkener ovenpå hinanden ved hver plads ved bordet, for jeg havde lavet fem retter mad.

"Hvad er det?", udbrød min ene partifælle forundret og mistroisk, da hun fik øje på alle tallerkenerne.

"Det er fordi, vi skal have fem retter mad", forklarede jeg.

"Jamen dog. Vi var også kommet, selvom det bare var frikadeller", sagde hun.

"Åh ja sådan en god veltillavet frikadelle", sagde Didrik.

"Du ville måske hellere have haft en frikadelle", spurgte min anden partikammerat ham og så gik snakken.

Didrik satte sig for at forklare mine partifæller om mig som psykisk syg som om, jeg kom fra en fremmed planet. Med betydningsfuld stemme brugte han ordene "i vores verden" og "i jeres verden", for at forklare dem om den store forskel, han oplevede, der var mellem mig som psykisk syg og dem som raske. Han kunne tydeligvis godt lide denne fortrolighed med mine partifæller om mig, men jeg sad og skammede mig og mistede mælet.

Mine partifæller kendte mig jo gennem knap 10 års politisk arbejde, de fandt egentlig ikke Didrik så interessant og de havde nogle ting, som de skulle benytte lejligheden til at snakke med hinanden om. Jeg sad mest og tog store slurke af de forskellige vine, jeg havde købt, og til sidst gik snakken kun mellem mine to partifæller, der havde meget, de skulle have vendt indbyrdes.

Den sidste af mine fem retter var noget sødt og dertil Vermouth. Min ene partifælle henvendte sig til mig, for hun var spændt på at smage Vermouthen. Jeg var godt fuld, øjnede muligheden for at få indført et ord og jeg valgte at snakke om det, der fyldte allermest hos mig, nemlig min længsel efter at få en kæreste.

"Jamen, kan du ikke forstå, hvis pigerne er skræmte over din diagnose? Det er ikke alle, der får en kæreste", svarede min partifælle og jeg var grædefærdig.

Min anden partifælle reddede situationen.

"Mathias. En i min familie mødte kærligheden i en sen alder. Han fandt en dejlig kvinde over nettet, selvom vi aldrig havde troet, at han fik en kæreste", sagde hun.

Min lejlighed var tit rodet og der stod tit en opvask. Min psykofarmaka tog nemlig mine kræfter og mit sparsomme overskud brugte jeg på partiarbejde og mine venner i stedet for rengøring. Hver uge frygtede jeg, når min nye bostøtte skulle komme til min lejlighed. Han var sur over, at jeg bad om hans hjælp til at tage opvasken og ikke havde taget opvasken selv.

"Hvad mener du om, at gamle Fru Jensen på 4. sal ikke kan få rengøringshjælp, når du kan få hjælp til at tage en opvask?", spurgte bostøtten mig en dag.

Som tiden gik blev han mere og mere vred over, at jeg bad ham om hjælp til opvasken. Min situation og baggrund havde bostøtten heller ikke forståelse for.

"Du blev drillet i skolen, fordi du var anderledes. Børn driller. Sådan er det.", sagde han således til mig en dag.

"Nej, jeg fik traumer af mine skoletid.", lykkedes det mig at svare, selvom jeg var meget påvirket af hans ord.

"Hvad gjorde de da ved dig? Tog de dig ud på toilettet og gav dig buksevand?", spurgte han efterfulgt af en hånlig latter.

Da bostøtten var gået, lagde jeg mig hulkende under dynen i min seng og ikke kunne finde ro.

Samtidig med, at jeg fik nye venner på støttecentret, havde jeg mine gamle venner fra institutionen i Nørresundby Birger, Peter og Johnny. Vi gik på værtshus, som vi plejede. Vi sad på værtshusene, drak øl og snakkede om det, som lå os allermest på sinde. Som oftest var det det modsatte køn og kærlighedslivet.

"Hvis ikke du har mistet din mødom, inden du er fyldt 30, tager jeg dig i hånden og tager dig med på bordel", sagde Peter til mig.

Jeg havde ikke lyst til at holde Peter i hånden, men snart fyldte jeg 30 og tanken om, at man kunne købe sig til lidt intimitet, spøgte da i mit baghoved.

Det endte med, at Johnny, Birger og jeg en aften besøgte bordellet og værtshuset Gøglerbåden i Søndergade. Vi var der alle tre for første gang og vi havde ikke tænkt længere end, at vi ville derind og se, hvad det var. Vi åbnede med skælvende hænder døren til den gamle gule bygning, der udgjorde Gøglerbåden. Indenfor blev vi mødt af en dørmand, der ville have 50 kr. i entre. Der var meget tilrøget på stedet og folk sad mest og hang. Der var roligt og intet at være bange for. Vi satte os ved baren på hver sin barstol. Så spillede de sangen "Woman" med Scorpions på musikanlægget og der kom en lille smule liv i de andre gæster. Jeg genkendte straks sangen, for jeg havde sangen på en cd derhjemme. En udenlandsk kvinde dansede op ad en stang til musikken samtidig med, at hun tog det meste af sit tøj af i halvmørket. Hun havde ikke meget mimik og hun virkede mest af alt træt og lidt irriteret. Så var det forbi, men nu skete der noget. Der kom højlydte livlige stemmer og hen til baren kom nogle smukke udenlandske kvinder, som satte sig ved siden af os, smilede til os og begyndte at snakke til os på engelsk.

Johnny nød opmærksomheden og følte sig som en verdensmand, mens han fortalte om sin uddannelse som VVS'er. Ved siden af mig satte der sig den smukkeste kvinde med det smukkeste lange sorte hår. Jeg kunne ikke helt afgøre hendes nationalitet. Måske var hun fra Mellemøsten. Måske var hun fra Nordafrika.

"Buy me a drink", sagde hun til mig.

"I can't afford it", svarede jeg, for jeg havde allerede brugt alt for mange penge på at købe to øl til mig selv.

Øllene her var noget dyrere end på et almindeligt værtshus. Med et meget bestemt tonefald gjorde hun mig opmærksom på, at jeg havde et Dankort og bare kunne bruge det. Det ville jeg dog ikke, men jeg ville meget gerne snakke med hende. Jeg fortalte hende, at mine forfædre på min bedstemors side af familien havde været jøder. Jeg tænkte meget logisk, at vi kunne snakke om udlændinge, da hun var udlænding.

Hun svarede, at det havde hun straks set på mig og at hendes kæreste også var jøde og havde betalt hendes plasticoperationer. Kemien mellem os var god, jeg ville gerne sige noget pænt til hende, så jeg spurgte hende efter, om jeg måtte fortælle hende et digt, som jeg havde lavet til hende.

"Ja", svarede hun med et undrende smil.

Hurtigt rablede jeg et vrøvle-digt af, som jeg lige fandt på, om en løvinde, der var den smukkeste og stærkeste af alle dyrene. Hun blev vred og spurgte mig, om jeg forvekslede hende med et dyr. Så blev jeg ked af det, for jeg havde bare ville gøre hende glad. Det registrerede hun og vi snakkede mere afslappet sammen. Jeg spurgte hende, om hun ville vide, hvorfor jeg godt kunne lide hende. Hun spurgte så, om jeg ville vide, hvorfor hun godt kunne lide mig.

"Ja", svarede jeg lykkelig.

Hun svarede, at hun godt kunne lide mig, fordi jeg var for dum til at lyve. Så tog hun min hånd, rejste sig op og mens vi gik hånd i hånd, fulgte hun mig ud af Gøglerbåden og sagde til mig, at jeg var alt for fint et menneske til at komme sådan et sted. Hurtigt kom Johnny og Birger også ud. Det havde været vores første og eneste tur på bordel og selvom vi bare havde snakket og drukket øl, havde det været helt fantastisk.

Timerne, hvor jeg opholdt mig på støttecentret og institutionen i Nørresundby, begyndte at blive lange, ensformige og meningsløse, så der skulle ske noget nyt. Jeg ville begynde at studere igen i håb om, at dette ville give mig det normale liv, som jeg stræbte efter og drømte om. Først ville jeg tage et enkeltfag, Fysik, på studenterkursus og dernæst ville jeg søge ind på uddannelsen til socialrådgiver.

Jeg købte en avanceret lommeregner fra Texas Instruments, der kunne løse andengrads ligninger. Denne lommeregner var nemlig påkrævet til undervisningen i fysik på studenterkursus. Undervisningen lå om aftenen og mange af de andre kursister arbejdede om dagen. Ved aftenstide cyklede jeg så fra min lejlighed i Nørresundby til studenterkursus i Sankelmarksgade i Aalborg. Jeg snakkede ikke med de andre kursister, men det var jo også undervisningen, der var det vigtige. Faget og min nye lommeregner voldte mig nogle vanskeligheder, men det var muligt for mig at følge med.

Sommeren sluttede, efteråret begyndte, mørket tiltog, jeg måtte finde mine cykellygter frem og efterhånden tiltog min angst også. Min angst kom samtidig med aftenmørket. Når jeg sad i klasselokalet og jeg gennem vinduerne kunne se mørket sænke sig over gaden, havde jeg udover undervisningen, som ikke faldt mig let, også min store angst at forholde mig til. Jeg sad og frygtede min cykeltur hjem til Nørresundby fra Aalborg.

Jeg begyndte at løse problemet med min angst ved at købe en flaske rødvin i Netto på vej til studenterkursus. At jeg havde flasken i min skoletaske og kunne se frem til at sidde i min lejlighed og drikke rødvin, når jeg var kommet hjem, gav mig en tryghed og gjorde det lidt lettere for mig at have min angst.

Da vi kom så langt hen på vinteren, at der var mørkt allerede før, jeg skulle cykle til Studenterkursus, blev min angst så slem, så jeg måtte give op og droppe ud af studenterkursus. Jeg havde dog stadig min plan om at læse til socialrådgiver, når sommeren kom.

Jeg opsøgte igen socialpsykiatrien, da det var slut med studenterkursus. På institutionen i Nørresundby mødte jeg en midaldrende mand, der kun kom på institutionen yderst sjældent. Han hed Jack, talte med engelsk accent, talte meget og ihærdigt, var meget smilende, men virkede også nervøs. Jeg havde flere år tidligere mødt ham til en fødselsdag, som Johnny holdte. Han havde arbejdet ved forskellige universiteter i udlandet og havde et forfatterskab bag sig, men han havde også en alvorlig sindslidelse, som han tog medicin for.

Jeg var meget imponeret af ham, fordi han havde en akademisk karriere og et forfatterskab. Han var erklæret homoseksuel og var den første bøsse, jeg mødte i mit liv. Han lavede selv sjov med sin seksuelle orientering og derved blev det afdramatiseret og den usikkerhed eller modvilje, som nogle måske kunne have imod ham, forsvandt. Han havde kendt forfatteren Johannes ligesom jeg.

Han fortalte mig med et sørgmodigt smil, at det var gået tilbage for Johannes, som sad og snakkede med Jesus hver dag. Det grinede jeg lidt af, men så sagde han, at Johannes havde en stor begavelse og havde skrevet talentfuldt på fransk.

En dag tog jeg mod til mig og spurgte Jack efter, om han kunne have lyst til at drikke en kop kaffe hos mig en dag.

"Kaffe og kage eller frem og tilbage", svarede han.

Jeg gentog mit spørgsmål, hvortil han svarede, at han gerne ville besøge mig.

Jeg fortalte glædestrålende Johnny i telefonen, at Jack ville besøge mig og jeg forberedte at lave en stor middag. Johnnys reaktion overraskede mig en del, men jeg tænkte ikke nærmere over det. Han lød pludselig vred og afvisende og sagde, at han ikke kunne lide den slags mennesker.

"Er det fordi Jack er bøsse, at du ikke kan lide ham?", spurgte jeg undrende.

"Ja" svarede Johnny med betydningsfuld stemme.

Dagen kom, hvor Jack ankom i snevejr og kulde til min lejlighed. Jeg var ikke færdig med madlavningen og han var glad for at være kommet ind i varmen. Han begyndte at hjælpe mig med at stege bacon og lave salaten med tomat, løg, fetaost og oliven færdig. Han snakkede uafbrudt og fyldte meget i mit hjem. Jeg følte mig helt invaderet og da vi satte os ved bordet for at spise os igennem retterne, havde jeg derfor fået angst, som jeg tacklede ved at tage godt for mig af de mousserende vine, som jeg havde købt. Jack ville ikke have alkohol, men jeg blev langsomt stærkt beruset.

Efter maden satte han sig i min sofa og jeg satte mig i en lænestol.

"Nu skal du høre et digt, der handler om dig", sagde han.

Jeg var meget spændt på at høre digtet, der handlede om mig.

"Sæt dig herhen. Så kan du bedre høre.", sagde han og jeg satte mig ved siden af ham i min sofa.

De første ord af digtet var: "Mathias med det intense blik". Resten af digtet forsvandt i uvished, for så løftede han sin hånd og begyndte at rode rundt i mit hår.

"Du er ved at blive skaldet ligesom Johnny", sagde han.

"Nej, jeg er ikke ved at blive skaldet", svarede jeg og flyttede mig tilbage i lænestolen.

Selvom jeg var stærkt beruset og i en omtåget tilstand, havde jeg aldeles ikke lyst til at have hans hånd i mit hår.

"Hvorfor kan Johnny ikke lide dig?", spurgte jeg.

"Fordi jeg kom til at gå for langt med ham seksuelt", svarede han.

Der var blevet kraftig snestorm udenfor og Jack kunne ikke nå den sidste bus hjem. Jeg tillod, at han overnattede på min sofa, mens jeg sov i mit soveværelse.

Dagen efter havde jeg det ikke godt. Jeg følte, at mine grænser var blevet overskredet ved, at jeg havde hørt på alle de intime detaljer, som Jack også havde fortalt mig om sit kærlighedsliv, og ved, at han havde haft sin hånd i mit hår. Jeg havde blot ønsket at invitere en ældre person, som jeg så op til og fandt interessant, på middag, men han havde så haft en anden dagsorden.

"Jeg prøvede at advare dig", sagde Johnny til mig i telefonen, da jeg ringede til ham.

"Du skal holde dig langt væk fra mig, endte jeg med at sige til Jack", fortsatte Johnny.

Henne på institutionen i Nørresundby mødte jeg senere Jack, som lidt usikkert og nervøst kom hen til mig.

"Jeg vil sige det samme til dig, som Johnny sagde til dig. Du skal holde dig langt væk fra mig!", sagde jeg vredt til ham.

Hurtigt fik jeg en løftet pegefinger og blev irettesat af en ansat på institutionen, fordi jeg havde snakket vredt til Jack.

Inden jeg gik hjem fra institutionen, tog jeg mod til mig og fortalte en kvindelig ansat, at Jack havde forsøgt at lægge an på mig, da han besøgte mig.

"Det er sgu ikke i orden", sagde hun grinende og det var tydeligt, at hun opfattede min oplevelse som en sjov bagatel.

Jeg fortalte lederen af støttecentret, at jeg ville læse til socialrådgiver.

"Har du brug for at snakke med en socialrådgiver? Ved du ikke, hvem din rådgiver er?", spurgte han.

Det var tydeligt, at han ikke så det som en mulighed, at en bruger kunne læse til socialrådgiver.

Alligevel startede jeg op på universitetet. Jeg sad til forelæsninger i et af Aalborg Universitets lokaler i Vestbyen, men igen var det hårdt for mig bare at være til stede i lokalet med min angst.

Efter et par måneder droppede jeg også ud af socialrådgiver-uddannelsen. Jeg havde nu brugt mine tre forsøg på at søge ind på en videregående uddannelse og jeg følte, at min fremtid lå i ruiner og mit liv var slut. Jeg blev deprimeret.

"Jo, men det kan jo ikke komme som en uventet overraskelse, at du ikke kunne gennemføre uddannelsen", sagde en ansat på støttecentret til mig, da jeg fortalte om min sorg over ikke at kunne færdiggøre en uddannelse.

Det blev værre med mine depressive tanker og jeg fik også selvmordstanker. Da jeg fortalte dette til den samme ansatte, spurgte hun mig efter, hvorfor jeg så ikke bare købte nogle stoffer på det sorte marked, hvis jeg ville begå selvmord. Jeg kiggede måbende på hende. Så spurgte hun mig i et truende tonefald, om jeg var klar over, hvad der ville ske, når jeg sagde, at jeg havde selvmordstanker. Det vidste jeg godt. Så ville jeg blive indlagt på psykiatrisk sygehus og det ønskede jeg bestemt ikke, så jeg snakkede ikke mere om mine selvmordstanker.

Jeg blev nødt til at blive førtidspensionist for at have et forsørgelsesgrundlag. Min far tog med mig til et møde hos min socialrådgiver.

"Var universitetet ikke godt nok til dig? Var der for meget arbejde og for lidt underholdning?", spurgte socialrådgiveren mig sarkastisk.

Socialrådgiveren fortsatte på denne facon overfor mig og derfor var min far ved at hidse sig op. Jeg fik dog min førtidspension og mit pensionistbevis. Inden jeg blev pensionist, tog kommunen dog noget opsparing, som jeg havde stående på min konto. Med min fars hjælp ankede jeg denne afgørelse, men kommunen fik medhold.

Jeg skammede mig over at være førtidspensionist og i mange år derefter, købte jeg almindelige busbilletter i stedet for at købe pensionistbilletter.

I min partiafdeling af KP var der kommet to nye unge medlemmer. Rasmus og Leif, der begge var først i 20'erne og læste på universitetet. Selv nærmede jeg mig de 30 år. Leif havde farvet sit hår blåt, var homoseksuel og han gik rundt med en ulovlig peberspray, så han var parat til at forsvare sig selv. Det fortaltes om ham, at han var frygtløs og ene mand havde stoppet et slagsmål ved at gå imellem de stridende parter. Rasmus var lyshåret, muskuløs og styrketrænede for at kunne fungere med sin rygskade. Han elskede stærk kaffe og når vi drak kaffe til partimøderne, kom han lidt ekstra pulverkaffe oveni sin almindelige kaffe. Han havde haft flere pige-kærester. Han og Leif var venner og de havde tidligere været på en rejse til Cuba sammen.

Jeg gik godt i spænd med dem og efter partimøderne gik vi tre gerne på værtshus sammen. Rasmus besøgte mig også i min lejlighed sammen med nogle af mine venner fra socialpsykiatrien. Han var meget social og kom godt ud af det med alle. Under besøget stegte jeg store entrecotes til os og satte AC/DC og Rage Against the Machine på min cd-afspiller, da han ikke kunne få musikken hård nok. Snakken gik godt og alle passede ind i selskabet, skønt vi var vidt forskellige.

Engang, hvor jeg var alene på værtshus med Leif, troede bartenderen, at vi var på date. Det var vi nu ikke. Vi var bare gode venner og kunne snakke om alt. Jeg fortalte Leif om min uheldige oplevelse med Jack og jeg fortalte, at der aldrig var skrevet en samtidsroman om livet i psykiatrien og jeg gerne ville skrive en sådan roman. Han drak en slat øl, der var i et efterladt glas. Han sagde, at dette ikke var farligt, men blot styrkede immunforsvaret og at alt kunne tages med penicillin. Han foreslog, at vi rejste til Færøerne sammen, da de der skulle have noget særlig godt spiritus. Jeg syntes, at han var genial. Vi planlagde også, hvordan vi ville fejre min 30 års fødselsdag. Den aften overnattede jeg på Leifs værelse i det kollektiv, hvor han boede sammen med nogle andre unge studerende.

Vores fødselsdagsplaner blev dog ikke til noget. Kort tid efter fortalte formanden for vores lokalafdeling af KP nemlig, at hun havde sat Leif på toget til Fyn, hvor hans forældre boede, og ringet til hans forældre, da hans alkoholmisbrug var eskaleret og han gennem længere tid ikke havde passet sine studier på universitetet. Dermed skiltes vores veje og jeg mistede en god ven.

Mine og Rasmus' veje kom også kort tid efter til at skilles i nogle år, da han blev gift i en ung alder og blev stedfar. At hans liv tog denne drejning, undrede mig egentlig ikke, for han havde altid været meget moden og ansvarsbevidst.

En tidlig vintermorgen tog jeg toget til København sammen med mine partifæller fra KP. Vi skulle til den store demonstration i anledning af Klimatopmødet. Kort forinden var der i Folketinget blevet vedtaget en kontroversiel lov, der gav politiet ret til at foretage præventive anholdelser. At anholde folk, selvom de intet kriminelt havde foretaget sig. Ved Klimademonstrationen gjorde politiet så brug af deres ret til at foretage præventive anholdelser og flere demonstranter blev anholdt og sad på den kolde asfalt i timevis uden mulighed for at komme på toilettet eller indtage vand og føde. Flere af demonstranterne fik senere tilkendt erstatning. Jeg undgik at komme i kontakt med politiet til demonstrationen.

Demonstrationen var et gigantisk inferno af mennesker, hvoraf en del var kommet fra udlandet. Der var folk med skilte, bannere og folk i alle hudfarver, former og størrelser. Høj musik væltede ud af nogle højtalere. Vi stod ved Christiansborgs Slotsplads og jeg koncentrerede mig om at filme med mit videokamera og undgå at blive væk fra mine partifæller.

Så satte menneskemængden sig i bevægelse. Vi skulle begynde at gå vores rute, men vi kunne kun gå med bittesmå museskridt, for der var mennesker alle vegne. Jeg var angst for at blive væk fra mine partifæller og jeg gik i hælene af formanden for min partiafdeling. Vi gik forbi en McDonald's og foran hele facaden af McDonald's bygningen stod en række af kampklædte betjente side ved side.

Efter demonstrationen samledes KP's medlemmer i nogle fagforeningslokaler til spisning, taler og musik. Arne Würgler, som jeg havde to cd'er med derhjemme, spillede guitar og sang sange fra sin nye plade. Desværre havde jeg ikke fornøjelsen af at høre ham, for jeg havde fået en slem hovedpine og lagt mig på en sofa et andet sted i bygningen.

Jeg var også til et landsdækkende møde i Silkeborg for KP's medlemmer. Mødet sluttede vi af med en fest med god mad, fællessang, lotteri og rigelig med øl, vin og spiritus. En midaldrende, mandlig, gråhåret partifælle med skæg, som jeg ikke havde mødt tidligere, fra en anden by, var psykiater. Hans job fik flere til nysgerrigt at stille ham spørgsmål, som han velvilligt svarede på. Til lotteriet vandt han en flaske rom fra Cuba. Jeg satte mig hen til hans bord og faldt i snak med ham. Jeg fortalte ham ikke, at jeg var psykisk syg. Han fortalte, at han var retspsykiater og arbejdede med småkriminelle narkomaner.

"Hvordan behandler du narkomanerne?", spurgte jeg.

"Jeg prøver at vise dem, at der er en anden måde at leve livet på end stoffer", svarede han.

"Kan et liv med rusen fra stofferne ikke være bedre, end at leve med sine traumer", spurgte jeg udfordrende.

"Ved du hvad. Det er det samme, som de siger til mig, og jeg er så træt af at høre på det", svarede han lettere irriteret.

Han bød mig et glas af den flaske rom, han havde vundet i lotteriet, og vi snakkede om andre ting. Jeg tænkte, at han måtte være meget klog og jeg stillede ham store spørgsmål om livet. Hurtigt tog det ene glas rom det andet glas og snakken blev mere og mere filosofisk. Han røg cerutter af mærket Minigolf. Jeg havde aldrig smagt cerutter før, men jeg fik lov til smage, og hurtigt havde vi delt pakken med cerutter og flasken med rom.

Da festen var slut og psykiateren rejste sig fra bordet, kom han pludselig til at kaste op på gulvet. Selv var jeg også blevet noget påvirket af rommen og cerutterne.

"Kan du ikke lige tørre det op?", sagde han henkastet til en kvindelig partifælle, der kom forbi.

"Nej og da du er psykiater, vil jeg sige, at du burde behandle dig selv", svarede hun vredt.

Min mor og far sørgede for, at der blev gjort noget ud af min 30 års fødselsdag. De havde lånt et sommerhus af deres venner, hvor fødselsdagen blev holdt, inviteret hele vores familie med mostre, onkel, faster og min fætter og købt god mad ind, så vi kunne grille. Jeg havde fået lov til at invitere mine venner Johnny og Didrik med. Også to af mine partifæller fra KP havde jeg inviteret, men de havde ikke mulighed for at komme.

Peter ønskede ikke at komme til min fødselsdag, da han var blevet vred på mig og havde afbrudt kontakten med mig. At Peter var blevet vred, skyldtes et sammentræf af uheldige omstændigheder. En SMS, der røg afsted til den forkerte modtager, Peter, der tilfældigvis blev fotograferet til avisen Nordjyske i en uheldig situation, at Peter var et svært sted i sit liv og var begyndt at gå til lægen og blive undersøgt og ikke mindst, at vi havde hængt for meget op af hinanden på alle vores værtshusbesøg og at dette havde slidt på vores venskab.

Jeg var ked af, at han havde afbrudt forbindelsen, og jeg forsøgte at gøre det hele godt igen ved at skrive et brev til ham, som jeg smed i hans postkasse, men lige lidt hjalp det.

Min bedstefar deltog heller ikke i min fødselsdag, da han følte sig for gammel til at kunne overskue at være med.

Mine mostre havde lavet sange og en quiz til fødselsdagen og min far rejste sig op og holdte en rørende tale for mig, der gjorde mig helt mundlam og gav mig en tåre i øjenkrogen. Min far sagde bl.a., at jeg havde valgt at standpunkt i livet og var kommunist, og at det havde været rart for ham at blive budt fint velkommen i Socialisternes Hus en dag, hvor han hentede mig fra et partimøde, og opleve, at han (i Socialisternes Hus) var noget i kraft af mig og ikke i kraft af sig selv. Min mor havde lavet et sangblad til fødselsdagen. Jeg havde valgt nogle af sangene, der mest var arbejdersange, men jeg havde også valgt salmen "Altid frejdig, når du går". Jeg havde fået lov til at få denne salme med, selvom den mest bliver brugt til begravelser, og det undrede gæsterne, at vi skulle synge den. Jeg syntes bare, at den passede godt på mig og på den måde, hvorpå jeg gerne ville leve mit liv. Min fætter, der havde fritidsjob som kirkesanger, sang for og jeg blev lidt bevæget og fik igen en tåre i øjenkrogen.

Johnny hyggede sig til fødselsdagen, grinede meget og snakkede med min moster. Didrik var mere afdæmpet. Der var sket det, at han var begyndt at ryste på hænderne, var gået til lægen og efter noget tid og nogle undersøgelser havde fået stillet diagnosen parkinsons. Didrik, der var ældre end mig, havde fået en tidligere stærkere type psykofarmaka, og han var overbevist om, at det var dette, der var årsagen til hans parkinsons. En ansat på støttecentret var af samme opfattelse.

Didrik ønskede at leve livet en dag ad gangen og ønskede ikke at kende forløbet af sin sygdom. Jeg blev meget berørt af hans sygdom og jeg lovede ham, at han kunne regne med mig og at jeg ville være der for ham.

Min yngste søster havde også gennemlevet en krise, som hun var kommet over, da vi fejrede min fødselsdag. Et skoleskift fra en lille landsbyskole til en større skole og at min sygdom havde fyldt så meget gennem hendes barndom, havde givet hende en spiseforstyrrelse og depression. Det havde gjordt ondt på mig at se hende have det så dårligt og jeg havde bare ønsket at hjælpe hende, men det kunne jeg ikke.

En dag, hvor jeg havde siddet på værtshus med Peter, havde jeg fortalt ham om min søsters spiseforstyrrelse. Han forstod dog ikke alvoren, men troede, at min søster blot var forkælet og afpressede os ved at lade være med at spise for at få sin vilje. Så var jeg begyndt at græde på værtshuset.

Min søster havde været til nogle samtaler i psykiatrien, men det, der gjorde, at hun fik det bedre, var, at vores far tog hende med på en cykelferie bare de to, hvor de cyklede i en uge. Efter cykelferien var min søster blevet vegetar og hun havde det godt igen. Hun sagde senere som voksen til mig, at hun havde fået det bedre dengang i sin barndom, fordi hun, selvom hun kun var barn, havde måtte vælge at tage et ansvar for sit eget liv.

Kort efter min 30 års fødselsdag tog min far og jeg også på en rejse bare os to. Jeg havde sparet nogle penge sammen, ønskede at rejse for pengene og min far var med på ideen. Vi købte en 10 dages rundrejse i bil på Island.

Dagen før, vi skulle rejse, havde jeg fået kolde fødder og ville helst blive hjemme, men min far var fast besluttet på, at vi skulle afsted. Vi landede i Keflavik lufthavn på Island og skulle hente bilen, som vi skulle køre i. Min far blev meget stresset, for han kunne ikke finde hen til biludlejningen. Da vi endelig fandt hen til biludlejningen, kunne min far hverken gøre sig forståelig på dansk eller sit sparsomme engelsk, så jeg måtte træde til med mit engelsk, som var lidt bedre.

Da vi sad i bilen og kørte mod Reykjavik gik det hele lidt bedre. Vi opdagede et mærkeligt vejskilt, som vi ikke kendte hjemmefra. Dette vejskilt var "blindhæld" og betød, at vejen i det kuperede landskab havde en hældning, så det var svært at se, hvad der kom længere fremme. Det var en oplevelse for livet at se landskabet ved Keflavik med de særprægede lavaklipper, som mest fik mig til at tænke på et månelandskab.

Da vi ankom til vores hotel i Reykjavik, lagde jeg mig til at sove, mens min far gik en lille tur ud og kiggede på byen. De næste ni dage kom til at byde på store oplevelser. Vi så islandske heste mange steder og vi fik også serveret islandsk hest til aftensmad en aften. Kødet var lidt sejt og smagte lidt sødligt. Vi var inde og se et kraftværk, der lavede strøm af geotermisk energi fra den islandske undergrund, hvor to kontinentalplader mødes. Vi så gejserne. Varmt vand, der med mellemrum springer op i søjler fra den samme undergrund. Før, vi så gejserne, troede min far, at han havde set en lille gejser på en mark, men det viste sig dog bare at være en vandslange. Det grinede vi meget af.

Naturen og landskabet var meget fremmedartet og vi var nysgerrige efter at se os omkring. Min far klatrede derfor op på nogle stejle klipper. Selv turde jeg ikke klatre derop. Vi så de mest gigantiske, imponerende og smukkeste vandfald. Gullfoss-vandfaldet var et overvældende syn. Vi så søpapegøjer og mærkelige lavaformationer efter tidligere vulkanudbrud.

Kort før vi rejste, havde der været et udbrud fra vulkanen Hekla og der var kommet en askesky. På et tidspunkt kom vi til at køre inde i resterne af den askesky og vi kunne ikke se længere end ca. 5 meter frem. Min far standsede bilen og vi stod ud og kiggede på jorden, som var grå af aske. Der var også nogle lupiner, som var dækket af aske.

Vi badede i Den blå lagune, der var varmt vand fra undergrunden. Den sidste dag så vi fra vores hotel en demonstration på den anden side af gaden. Min far spurgte i hotellets reception, hvorfor de demonstrerede, og fik af vide, at de demonstrerede for palæstinensernes sag. Min far gik så over gaden og deltog i demonstrationen, mens jeg blev stående og filmede med mit videokamera. Helt i min ånd fik vores dejlige rejse også noget politisk indhold.

Det var blevet lidt værre med Didriks parkinsons, men han klarede sig stadig i sin lejlighed, selvom han var blevet dårligere til bens og havde problemer med balancen. Han kunne lide, når jeg tog ham med til fester og andre arrangementer med KP og han lærte efterhånden flere af mine partifæller at kende. Han deltog i vores årlige sommerfest i Moseby, hvor han snakkede og følte sig som en fisk i vandet, jeg havde ham med til en koncert med Peter Abrahamsen, der spillede i en politisk anledning, og jeg havde ham med til flere koncerter på 1000Fryd i Aalborg med den amerikanske protestsanger David Rovics, der hvert år gæstede Danmark.

Det kostede dengang kun 30 kr. at høre en koncert på det alternative spillested 1000Fryd, så alle havde mulighed for at deltage. Jeg kom kun på 1000Fryd til koncerter og jeg var aldrig en del af kredsen omkring 1000Fryd og de frivillige, som holdte stedet kørende.

Når man gik ind ad porten til 1000Fryd og var i den store overdækkede gård, bemærkede jeg da, at der blev røget lidt hash indimellem, men selve spillestedet med det dæmpede lys og alle plakaterne på væggene, synes jeg, mest var en "hyggelig hule", og jeg har kun gode minder om koncertoplevelser fra stedet.

Jeg havde både Didrik og min far med til et foredrag i Socialisternes Hus. Foredraget blev holdt af en ung kvinde, som alene havde infiltreret det højreradikale miljø i Århus og dermed udsat sig selv for en risiko. Hendes foredrag var en forlængelse af en bog, hun havde skrevet. Hun var gået så langt i sit lyssky arbejde, så hun havde indledt et forhold til en højreradikal mand alene med det formål at indsamle oplysninger om det højreradikale miljø. Undervejs i sit arbejde var hun også blevet kontaktet af PET, som hun nægtede at samarbejde med. Til sidst var det ikke sikkert for hende at opholde sig i Århus og hun flyttede til København. Hun havde arbejdet for Research-kollektivet Redox, der er en venstreorienteret organisation, som undersøger den yderste højrefløj. Havde jeg dengang vidst, at jeg selv senere i livet også ville komme til at løse nogle opgaver for Redox, var jeg blevet meget stolt.

Til foredraget blev kvinden stillet et kritisk men meget relevant spørgsmål. Hun blev spurgt, hvilke personlighedstræk det krævede at indlede et kærlighedsforhold til en højreradikal mand med det ene formål at indsamle oplysninger. Dertil havde hun intet svar. Dog blev hun hyldet som en helt af alle os, der hørte hendes foredrag.

Efter foredraget kørte min far Didrik og jeg hjem til min lejlighed og så kørte han selv hjem. Det havde været lidt svært for ham at finde en parkeringsplads, der lå så tæt på Socialisternes hus, så det var muligt for Didrik at komme rundt til fods.

"Jeg tror, at din far er ved at blive senil. Han døjede med at parkere.", sagde Didrik til mig.

Det blev jeg ked af at høre, for jeg kunne ikke klare tanken om, at der skulle ske mine kære forældre noget, men min far var endnu ikke fyldt 60 år og naturligvis var han ikke senil.

Jeg havde også Didrik med på stadsarkivet i Aalborg, som jeg opsøgte for at få indblik i retssagerne mod min bedstefar og hans brødre i forbindelse med retsopgøret efter besættelsen. Jeg fortalte med alvorlig og betydningsfuld mine Didrik om min bedstefar og hans søskende og deres dramatiske skæbne.

"Din bedstefar er sikkert så senil, så han ikke selv kan huske, hvad der sket", svarede Didrik med et grin.

Jeg købte en engangsgrill og Didrik, jeg og andre venner tog til Egholm og grillede. Didrik havde svært ved at komme hjem med bussen fra Egholm færgen pga. sin parkinsons.

I den periode var jeg vennernes ven. Jeg var populær og meget sammen med venner fra socialpsykiatrien. Jeg blev dog ikke altid vist særlig meget respekt af mine ældre venner fra socialpsykiatrien og ofte skulle de hævde sig på min bekostning. Måske var jeg populær, fordi jeg var en glad ung mand, der tog initiativ til at vi kunne lave sjove ting sammen og de kunne hævde sig lidt overfor mig og selv føle, at de var noget.

På institutionen i Nørresundby mødte jeg en dag Katrine. Hun var 20 år, 10 år yngre end mig og lige startet som bruger af institutionen. Hun var en glad pige, fuld af energi, som regel i højt humør, hun spredte liv og glæde omkring sig og alle kunne lide hende. Hun havde en kæreste og livserfaring og vi var meget jævnbyrdige på trods af aldersforskellen. Vi blev hurtigt venner og fandt et spil kort i en skuffe på institutionen og sad og spillede kort, mens jeg lyttede til alle hendes dramatiske historier. Når hun fortalte, kunne hun lide at sætte tingene på spidsen og se folks reaktion.

Hurtigt blev det for kedeligt for os på institution og vi sås andre steder, mens hendes kæreste var på arbejde. Jeg havde hende med til 1. Maj, der i Aalborg blev fejret i Kildeparken. Da vi mødte mine partifæller fra KP i Kildeparken, troede de, at hun var min lillesøster.

Vi grillede også på Egholm. Jeg stod i to timer og ventede på hende ved Egholm færgen, fordi hun ikke kom til aftalt tid. Da hun dukkede op, havde hun en flaske Amarone rødvin til 99 kr. med. Vi grillede, drak den dyre rødvin og hyggede os meget. Da vi tog færgen tilbage til Aalborg stod hendes kæreste og ventede på hende.

"Tak for, at jeg lige måtte låne Katrine i et par timer", sagde jeg til ham og var egentlig lidt forlegen ved at møde ham der for første gang.

Katrine fortalte mig, at hun malede malerier ved hjælp af en særlig teknik og kunne male hvad som helst. Hun ville forære mig et maleri til min fødselsdag og jeg skulle bare sige, hvad hun skulle male.

"Jeg vil gerne have et maleri af to katte på Den røde plads i Rusland", sagde jeg til hende.

Jeg fik også et sådant hjemmelavet maleri af hende, da hun besøgte mig et stykke tid senere.

Hun var også klog og havde på trods af sin unge alder gennemskuet, at det var en blindgyde at komme på institutionen. Hun havde større planer for sit liv, ville have uddannelse, job og børn med sin kæreste. Hun stoppede også hurtigt på institutionen og fik indfriet disse planer. Sidste gang, jeg så hende, lånte hun tre bøger af mig, som hun glemte at aflevere tilbage.

På institutionen i Nørresundby fik jeg en dag øje på en ny kvinde, der kom ind ad døren. Hun var midt i 30'erne, meget smuk, havde blå cowboybukser på, en lyseblå trøje, skulderlangt hår, der var farvet rødt, hun var glad og livlig og førte sig frem med en vis autoritet. Jeg blev forelsket ved første blik. Jeg tænkte straks, at hun måtte være en ny, der skulle ansættes, fordi hun virkede så selvsikker og normal.

I den første tid kiggede jeg meget efter hende, men jeg turde ikke snakke til hende. Så satte jeg mig ved samme bord som hende i kaffepausen, dog stadig uden at snakke til hende. Det viste sig, at hun hed Mette og var bruger. Jeg deltog i et møde mellem hende og en ansat, hvor hun blev præsenteret for institutionen. Hun snakkede til den ansatte som en jævnbyrdig, var smilende og selvsikker. Mig ænsede hun vist ikke. På mødet fortalte hun ganske lidt om sit liv. Hun havde tidligere boet sammen med en kæreste, haft et job i en butik og kørt til og fra arbejde. Da jeg hørte det, begyndte min verden at ramle sammen, for jeg tænkte straks, at når hun var så moden og erfaren, måtte hun være helt uinteresseret i mig.

Institutionen havde en sommerudflugt, der var en bustur til Asger Jorn museet i Silkeborg. Jeg tog mod til mig og spurgte Mette, om jeg måtte sidde ved siden af hende i bussen. Hun kiggede på mig og sagde, at det måtte jeg godt. Jeg var lykkelig og meget spændt på, hvad der ville ske, når jeg sad ved siden af hende i bussen. Hun virkede en lille smule træt og afdæmpet, men vi snakkede lidt sammen i bussen. Da vi stod af bussen og skulle spise på en lille restaurant, kom der lidt mere liv i hende og vi satte os ved siden af hinanden på restauranten. På Asger Jorn museet gik hun ikke længere ved siden af mig og jeg blev ked af det og bange for, at hun havde mistet interessen for mig.

Der var lidt motion på institutionen og Mette og jeg skulle ud på en løbetur med en ansat. Jeg ville gøre indtryk på hende, så jeg havde den dag taget min fineste hvide skjorte på.

"Har du altid en hvid skjorte på, når du løber", spurgte hun mig grinende.

"Ja", svarede jeg glad og jeg var klar til at vise hende, hvor hurtigt jeg kunne løbe.

Jeg var i dårlig form, overvægtig og røg, men med stort besvær lykkedes det mig at løbe nogle meter. Så fik jeg øje på Mette og løb yderligere nogle meter, mens jeg stærkt forpustet hev efter vejret. Hun var lige så forpustet og opgav til sidst at løbe. Da vi var færdige med løbeturen, havde jeg store svedpletter under armene på min hvide skjorte.

"Hov, der kom jeg vist til at svede lidt", sagde jeg til Mette og hun sendte mig et stort smil.

Så var isen brudt og jeg begyndte dagligt at snakke en hel del til Mette. Jeg inviterede hende med til KP's sommerfest i Moseby. Jeg fortalte hende om, hvor god jeg var til at lave stegt flæsk med persillesovs, og jeg inviterede hende på stegt flæsk og andre lækkerier. Hun afslog dog alle mine invitationer.

På institutionen hjalp hun med at male et lokale og imens hun malede, fortalte hun mig om, at hun havde tabt sig meget. Hun spiste heller ikke institutionens mad til frokost, men hver dag havde hun selv et stykke varmtrøget laks med.

Ved beplantningen udenfor institutionen stod vi en dag og hang op af hver sin rive. Vi blev dog hurtigt enige om, at vi ville sætte os ind i institutionens opholdsstue og tage en kop kaffe, selvom vi ikke måtte. Da der kom en ansat med løftet pegefinger, tog Mette det ikke så tungt, men var temmelig ligeglad.

Jeg var smaskforelsket i hende og jeg blev ved med at invitere hende på god mad og gode oplevelser og hun blev ved med at afslå mine invitationer. Til sidst ringede jeg til en ansat på institutionen og spurgte, om hun mon kunne lide mig.

"Du skal nok ikke regne med, at Mette ser dig som kæreste-potentiale", blev jeg svaret.

Da sank min verden helt i grus. Jeg tog straks en beroligende pille og lagde mig til at sove i min seng.

Der skulle være en sommerfest på institutionen. Mette havde taget fint tøj på og hun lignede en million. Vi sad omkring små borde og spiste lidt mad. Ved mit og Mettes bord sad der to andre mandlige brugere, der ligesom jeg var meget interesserede i hende. En af dem inviterede hende med i biografen, men hun afslog invitationen. Jeg gjorde ikke meget væsen af mig ved bordet. Jeg var bare glad for at sidde ved siden af hende. Senere satte vi os ved siden af hinanden i en sofa, kemien mellem os var god og jeg overvejede, om jeg skulle lægge armen om hende. Det endte med, at jeg "lagde armen halvt om hende". Det havde hun ikke noget imod.

Mette, jeg og tre andre brugere blev enige om at tage i byen sammen efter festen. Vi valgte at tage på Pakhuset i Aalborg, et dansested for det mere modne publikum. Vi sad der og drak øl og snakkede. Jeg var helt forgabt i Mette og kunne ikke få mine øjne fra hende. Til sidst sagde hun til mig, at jeg ikke skulle sidde og stirre på hende. Hun begyndte at snakke lidt med en mandlig bruger fra institutionen, som også var interesseret i hende, og så sagde jeg farvel og ville cykle hjem til min lejlighed i Nørresundby.

"Er du ikke for fuld til at cykle hjem?", spurgte hun mig.

"Nej", svarede jeg undrende.

Det havde jo gennem mange år været en rutinesag for mig at køre fuld på cykel.

Sommerfesten blev holdt en fredag og den efterfølgende lørdag og søndag tilbragte jeg hos min mor og far i Hjørring. Mens jeg lå på mine forældres sofa og slappede af, var der pludselig et ukendt nummer, der ringede på min mobiltelefon. Jeg tog telefonen og hørte Mettes stemme.

"Jeg ville bare sikre mig, at du var kommet sikkert hjem fra Pakhuset i fredags. Jeg syntes nemlig, at du var noget fuld til sidst. Jeg fik dit telefonnummer på institutionen. Jeg håber ikke, at det gjorde noget, at jeg ringede.", sagde hun usikkert.

Jeg fik store sommerfugle i maven, da jeg hørte hendes stemme i telefonen.

"Nej, det gør ikke noget", fik jeg sagt.

"Jeg var bange for, at der var sket dig noget, for du gik lige pludselig fra Pakhuset", fortsatte hun.

Jeg blev helt mundlam og hurtigt afsluttede vi telefonsamtalen. Dernæst lå jeg med kraftig hjertebanken på sofaen, fordi det havde været så overvældende, at hun havde ringet til mig. Så gjorde jeg noget, der var helt nyt for mig. Jeg tog min mobiltelefon og skrev en SMS til hende. Jeg skrev bl.a., at jeg holdt meget af hende. Efter 10 lange minutter fik jeg en SMS fra hende med et svar. Jeg rystede på hænderne og turde knap nok læse svaret. I svaret skrev hun bl.a., at hun også holdt meget af mig. Denne aften var måske den bedste aften i mit liv. Vi skrev godnat til hinanden og jeg var helt euforisk af lykke.

"Hvem var det, der ringede til dig?", spurgte min mor, der lige var kommet ind i stuen, hvor jeg lå på sofaen.

"En der hedder Mette", svarede jeg, mens jeg var ved at græde af glæde.

Næste gang, jeg så Mette på institutionen, inviterede jeg hende ud og spise og denne gang takkede hun Ja til min invitation.

Inden vores første date var jeg til medlemsmøde i KP. Da mødet var slut, sagde jeg, at jeg gerne ville købe noget af vores merchandise.

"Ja, hvad vil du have", sagde min partifælle.

"Jeg vil have et sæt af vores øreringe med hammer og segl", sagde jeg glad og stolt.

Min partifælle kiggede undrende og mistroisk på mig.

"Hvad vil du bruge de øreringe til?", spurgte hun.

"Dem vil jeg give til en kvinde, som jeg har mødt", svarede jeg pavestolt og flere af mine partifæller begyndte at grine af deres overraskelse og de bad mig fortælle, hvad der var sket.

På vores første date havde jeg inviteret Mette på den daværende kinesiske restaurant på hjørnet af Vesterbro ved Limfjordsbroen. På restauranten ville vi begge have en stor fadøl og buffeten. Jeg rystede af nervøsitet.

"Jeg er lidt angst nu", sagde jeg til hende.

"Det er jeg egentlig også, men de indbagte ting i buffeten ser gode ud. Skal vi ikke smage nogle af dem?", svarede hun.

Vi sagde ikke så meget til hinanden, mens vi spiste, men da vi var færdige med at spise, spurgte jeg, om vi ikke skulle gå over på værtshuset overfor. Det ville hun gerne. Vi satte os ved et bord på værtshuset, drak øl og jeg røg cigaretter. Vi faldt til ro og det var ikke svært at snakke sammen.

På værtshusets herretoilet mødte jeg Per Clausen, som nu var kommet i Folketinget. Jeg spurgte ham efter, om han ville komme hen og hilse på mig, mens Mette så det, så jeg kunne gøre indtryk på hende ved, at jeg kendte ham. Det ville han gerne. Da jeg sad ved bordet og snakkede med Mette igen, kom Per Clausen så hen til os, klappede mig på skulderen og sagde "Hej Mathias gamle ven".

"Så du, at jeg kendte ham fra fjernsynet", sagde jeg til Mette, da Per Clausen var gået igen.

"Han er vel ikke mere værd end os andre", svarede hun uimponeret.

Da vi langt om længe var færdige på værthuset, skulle jeg følge hende hjem. Vi gik på Borgergade i natten, mens stjernerne funklede over os, jeg var lykkelig og glædede mig til resten af mit liv, som, jeg troede, ville blive helt vidunderligt. Da vi nåede til hendes lejlighed, gav vi hinanden et stort langt kram og sagde på gensyn.

Henne på institutionen i Nørresundby fortalte jeg en ansat, at Mette og jeg havde været på date.

"Hvad vil sådan en moden kvinde dog med dig?", sagde han surt.

"Vi drak nogle øl og havde det sjovt", sagde jeg.

"Ja, måske har hun bare brug for at have en at drikke nogle øl med i en periode", svarede han.

Institutionen i Nørresundby havde et nyt kursusophold i USA, hvor man skulle lære om psykiatri. Man kunne skrive sig på en seddel på en opslagstavle, hvis man havde lyst til at deltage. Peter, jeg og flere andre skrev os på.

Peter havde det svært. Han ville stadig ikke snakke med mig og han havde ændret sig. Hans glæde var forsvundet og han havde fået et vredt udtryk i ansigtet. Han blev ikke udvalgt til at skulle med til USA. Jeg og en anden bruger blev udvalgt til at skulle til USA sammen med to personale.

Vi tog toget til Kastrup Lufthavn, hvorfra vi fløj til Boston. Der blev vi hentet i bil af ansatte fra den psykiatriske institution, som vi skulle på kursus på, og kørt til byen Worcester, hvor vi blev indkvarteret i en villa i en forstad. Villaen blev kaldt for et "gæstehus" og den tilhørte den psykiatriske institution, der lå lidt længere væk i samme by.

I samme villa boede en psykisk syg mand og to ansatte fra en institution i Australien, der skulle deltage i det samme kursus, og der boede også en psykisk syg kvinde og en ansat, der kom fra en institution et andet sted i USA. Jeg skulle dele værelse med den australske mand, der hed Tom. Han var rødhåret, tyk, meget talende og udover at være psykisk syg, fortalte han, at han også var drag queen hjemme i Australien.

Vi lå i hver sin seng i på værelset og sludrede lidt, før vi skulle sove. Så faldt han i søvn og snorkede så meget, så jeg lå vågen hele natten. Selvom han havde advaret mig om sin særlige snorken, havde jeg ikke forestillet mig, at den var så højlydt. Efter nogen dage måtte han sove et andet sted i villaen, så jeg trods alt kunne få noget søvn.

Dagtimerne brugte vi på den psykiatriske institution, hvor vi dels deltog i små arbejdsopgaver på lige fod med de andre brugere, og dels deltog i undervisning, hvor vi lyttede til nogle oplæg, som vi efterfølgende diskuterede.

Når man trådte ind på institutionen, sad der nogle forhutlede psykisk syge brugere i indgangen, som tiggede penge af os. Vi fik at vide, at vi ikke skulle give dem noget. Vi var kommet til USA, hvor der ikke var et socialt sikkerhedsnet, så alle havde et forsørgelsesgrundlag, men de derimod var overladt til at tigge, til velgørenhed og hvad, de måtte have af forsikringer.

Undervisningen, som vi deltog i, retfærdiggjorde dette amerikanske system og omhandlede, hvordan en psykiatrisk institution kunne drives på disse præmisser, bl.a. gennem velgørenhedsarbejde og at pleje forbindelser til rige og betydningsfulde mennesker, og hvordan vi kunne overføre dette til vores institution i Nørresundby.

Der kom da også i årene, der fulgte efter dette besøg i USA i 2011, til at ske et skred i det danske samfund med øget ulighed, så det blev sværere for psykisk syge at få tilkendt førtidspension, dermed et større pres om at indordne sig arbejdsmarkedet, hvadenten man kan eller ej, og de nødvendige økonomiske ressourcer, som man før var sikret gennem staten, får man nu i højere grad i form af almisser fra rige personer og velgørenhed. Så dette kursus i USA var lige i tidsånden, selvom det i den grad er en trist udvikling, der sket i Danmark, og en uværdig situation, mange borgere er stillet i, når de skal tage imod almisser fra rige personer, i stedet for at have det som en rettighed at have til dagen og vejen, som det var i tidligere tider.

Institutionen i Nørresundby, hvor jeg tilbragte mange år, er med andre ord en del af et meget kedeligt amerikansk koncept, som jeg kun kan være stor modstander af. I årene, der fulgte efter kurset i USA i 2011, blev forholdene på denne institution i Nørresundby mere og mere amerikanske og uværdige for brugerne i takt med udviklingen i samfundet i amerikansk retning med øget ulighed. Vores velfærdssamfund er i sandhed under pres i disse år.

En aften i villaen i Worcester i 2011 faldt snakken på det danske skattetryk. Der var blandt de ansatte bred enighed om, at det var forkert, at vi i Danmark skulle betale næsten 50% i skat. Jeg var meget uenig, blandede mig i diskussionen og endte med at falde i snak med en amerikansk ansat. Hun syntes, at jeg var begavet, og jeg fortalte hende, at jeg havde læst på universitetet. Så skulle jeg lige pilles ned af de ansatte fra Nørresundby, som gjorde opmærksom på, at jeg var droppet ud af universitetet efter en måned.

"Alene det at blive optaget på universitetet er langt mere, end hvad jeg har set fra de fleste, som jeg har arbejdet med", svarede hun.

Dagen efter så jeg en ansat fra institutionen Nørresundby stå og græde i villaens køkken. Jeg spurgte hende, hvad der var sket. Hun svarede mig hulkende, at hendes mand havde skrevet til hende, at deres hund hjemme i Danmark var død. Så kunne jeg kun med en kraftanstrengelse holde min vrede tilbage. I alle årene på institutionen i Nørresundby var det mere reglen end undtagelsen, at brugerne døde en alt for tidlig død af medicin, livsstil eller selvmord, ved hvert dødsfald havde denne ansatte ikke vist nogle følelser og nu tudede hun over en hund. Var en hund virkelig mere værd end institutionens brugere?

På institutionen i Worcester var der også tiden, hvor vi skulle indgå på institutionen på lige fod med de amerikanske brugere. Jeg blev placeret et sted på institutionen, hvor vi skulle tage en telefon, når den ringede. Der sad jeg så sammen med amerikanske brugere og personale og ventede på, at telefonen ringede. Det var de samme små arbejdsopgaver, som et barn i folkeskolens mindste klasser kunne have løst, som jeg kendte fra institutionen i Nørresundby. Vi sad mest og snakkede time efter time og amerikanerne hentede jævnligt en pose slik fra institutionens kiosk.

Jeg opdagede, at brugere og også ansatte tit gjorde grin med en ældre ansat, der hed Frank. De mente, at han var skør, fordi han havde nogle holdninger og et menneskesyn, der var meget usædvanligt for dem.

Frank var en slank gråhåret mand, omkring 60 år og veteran fra Vietnam krigen, hvor han havde været helikopterpilot og fået en høreskade. Hans deltagelse i Vietnam krigen havde gjort ham desillusioneret, han havde mistet alt tillid til politikerne og medierne og han mente, at befolkningen levede i et komplot. Han havde også deltaget i demonstrationer og han sagde, at 9/11 var et inside job. Han bad mig fortælle om den danske velfærdsmodel, som han var meget imponeret af, og han bad mig fortælle om Cuba, da jeg var tidligere medlem af Dansk Cubansk forening. Han brugte mig som sandhedsvidne i nogle diskussioner med sine kollegaer.

Frank og jeg satte os også ved en computer, så vi kunne vise hinanden hjemmesider med politik. Så opdagede jeg, at vi ikke kunne få adgang til cubanske hjemmesider, ligesom vi kunne i Danmark. De var censureret væk.

Vi blev hurtigt venner og mine dage i USA gik mest med at snakke med ham. Når han ikke var på arbejde, gik han til koncerter og sejlede i kajak. Fra sin kajak så han tit bævere. Han inviterede mig med ud at sejle i kajak, men den dag, vi skulle sejle, blev det dårligt vejr, så den oplevelse fik jeg desværre ikke. Han gav mig sin email-adresse, bad mig holde kontakten og forærede mig en cd med politisk rap og en hel stak af politiske aviser.

Den sidste weekend, vi var i USA, tog jeg på en udflugt til Manhattan i New York sammen med Tom og de to ansatte fra institutionen i Nørresundby. Fra Boston tog vi en bus til Manhattan. Skyskraberne var et imponerende syn. Vi gik på Times Square og jeg havde aldrig set noget lignende. På siden af skyskraberne sad der store TV skærme, der var mange meter høje og brede, som viste reklamer. Der var store limousiner, der var mange meter lange, der var hjemløse tiggere og der var de gule taxaer, som vi kender fra film og TV serier.

Jeg filmede med mit videokamera. De ansatte sagde, at jeg ikke måtte filme de hjemløse.

Vi var oppe på toppen af en skyskraber og kunne se Central Park og New Yorks skyline. Det så ud nøjagtig, som vi havde set det i TV.

Vi overnattede i en stor gammel ejendom på Manhattan, som tilhørte psykiatrien. Jeg sov på mit eget lille værelse, som lå en etage under de andres værelser. Midt om natten vågnede jeg ved lyden af skrig og råb. Skrigene og råbene blev ved og ville ikke forsvinde. Der var mørkt og jeg kunne ikke finde en stikkontakt, så jeg kunne tænde lys. Jeg kunne ikke høre, hvor skrigene og råbene kom fra. Jeg var overbevist om, at det var et spøgelse, jeg kunne høre, og jeg blev lidt bange. Jeg følte, at jeg måtte gøre noget, så i mørket famlede jeg mig ud til det lille badeværelse, der var ved mit værelse. Der fik jeg tændt lyset og jeg fik øje på mig selv i badeværelsets spejl. Så begyndte jeg helt impulsivt at bokse foran spejlet. Da jeg så mig selv bokse, forsvandt min skræk for spøgelset, da jeg følte, at jeg kunne forsvare mig selv. Jeg lagde mig i sengen igen, skrigene og råbene forsvandt langsomt og jeg faldt i søvn igen.

Det havde været en god oplevelse at bokse. Dengang vidste jeg ikke, at jeg senere i livet ville blive motionsbokser i en bokseklub gennem flere år og også komme til at prøve at være oppe i ringen og bokse en kamp.

Kort efter, at jeg var hjemvendt fra USA, havde jeg besøg af Didrik. Han virkede lidt vred og irriteret. Så havde han disse ord til mig:

"Vi snakkede om dig på støttecentret i går. Ove sagde: 'hvad siger det ikke om os andre, at Mathias har fået en kæreste'. Men tillykke med Mette. Du har ydmyget os alle sammen ved at få en kæreste".

Han mente åbenbart, at jeg var så meget dårligere og så meget mere frastødende end de andre mandlige brugere på støttecentret, så det var en ren ydmygelse af dem, at jeg kunne få en kæreste, når de ikke kunne. Efter denne kommentar fra Didrik, som var gæst i mit hjem, blev jeg lidt stille og jeg følte mig såret. Jeg stillede dog maden frem, vi spiste sammen og hurtigt glemte jeg hans ord igen, for jeg havde jo mødt Mette og alt var lykke.

Det var igen blevet lidt værre med Didriks parkinsons og han var begyndt at have problemer med at gå, men kort tid efter, at jeg havde mødt Mette, skulle også han møde kærligheden. Han blev kæreste med den jævnaldrende Yrsa, der var en nystartet kvindelig bruger på støttecentret. Hun havde fregner, lyst hår og hun gik ofte i t-shirts, selvom man så kunne se, at begge hendes arme var fulde af ar efter selvskade.

Jeg var meget glad på Didriks vegne over, at han havde mødt Yrsa, og jeg syntes, at det var fantastisk, at denne gode ting skete i hans liv midt i parkinson sygdommen.

"Jeg er ikke skræmt over Didriks parkinson. Det bliver bare sjov, når jeg skal skubbe ham rundt i en kørestol", sagde en nyforelsket Yrsa en dag, hvor både hun og Didrik besøgte mig. Hurtigt blev de gift, men jeg blev ikke inviteret med til at fejre denne begivenhed.

En aften gik jeg over på værtshuset Industrien alene. Der fik jeg øje på Peter. Vi havde ikke snakket sammen i over et år, selvom vi boede tæt på hinanden og begge kom på institutionen i Nørresundby, så jeg blev meget glad, da han hilste på mig og ville give mig en øl. Jeg begyndte glad at fortælle ham om Mette og jeg troede, at alt var som før med vores venskab, hvor vi snakkede om alt i vores liv. Alt var dog ikke som før.

"Mathias. Jeg har fået kræft.", sagde han til mig.

"Jamen, er det så ikke en mild form for kræft, der kan gøres noget ved?", spurgte jeg forskrækket.

"Nej", svarede han og så kom der en lang tavshed.

Denne aften på Industrien blev Peter og jeg forsonet igen, men denne aften blev også sidste gang, jeg snakkede med ham, for han døde nogle måneder senere. Jeg mistede en god ven, jeg havde haft gennem 10 år. En gavmild ven, der rundhåndet havde givet mig øl og cigaretter på værtshusene, forkælet mig med god mad i sit hjem og været en vidende og humoristisk samtalepartner til mange snakke og sjov. Han havde været en god kammerat på vandreture, hvor vi havde sovet i telt sammen, lavet mad sammen, svedt sammen og været trætte sammen. Jeg mistede et menneske, som bag et stort temperament, havde de bedste intentioner for alle og bare ville alle det bedste. En livsglad ven uden bitterhed og misundelse, der levede på sin egen måde. Ære være hans minde.

Flere og flere talte om det nye "Facebook", der var kommet frem og en af mine partifæller i KP hjalp mig med at komme i gang med at bruge det. Det første foto, jeg lagde på min profil, var et foto fra min bedstefars have, som jeg havde taget efter, at jeg havde slået græsplænen.

Facebook var dog ikke en platform, som vi brugte til kommunikation i partiet. I stedet havde vi vores eget intranet, som var blevet udviklet af to partifæller i hovedstaden, som også drev deres eget IT firma. Vores intranet krævede, at der i hver partiafdeling var en ansvarlig for intranettet og jeg blev valgt til intranet ansvarlig i min partiafdeling. Jeg påtog mig at udarbejde en vejledning i at bruge intranettet, som mine partifæller i vores partiafdeling fik, og jeg stod for at hjælpe mine partifæller med at bruge intranettet samt at holde kontakten til de to partifæller i hovedstaden, der havde udviklet intranettet og stod for intranettets drift. Vores intranet blev dog aldrig en succes og det endte med, at vi alligevel brugte Facebook til kommunikation både internt og eksternt.

Jeg fik smag for IT arbejde og min næste udfordring blev, at jeg på eget initiativ tilmeldte mig to AMU kurser i Adobe Photoshop på Media College Aalborg. Jeg betalte selv mine AMU kurser af min opsparing. På disse kurser brugte jeg for første gang en Mac i stedet for en PC, men jeg havde nemt ved undervisningen, syntes, at undervisningen var interessant, og den uformelle undervisningform, hvor vi kunne forsyne os med te og kaffe midt i timerne og underviseren krydrede undervisningen med sjove historier fra arbejdslivet, passede mig fint.

Vi på kurset var en blandet flok. Der var bl.a en efterskolelærer, der senere skulle lære sine elever at lave sjove billeder i Photoshop, en designer, der skulle lære at bruge Photoshop i sit arbejde med at designe tekstiler, der var en kontorassistent, der skulle lære at bruge Photoshop i sin virksomheds grafiske kommunikation og der var flere andre på vores hold.

Kontorassistenten kom fra foderstof-virksomheden Hedegård, som lå på havnen i Nørresundby. Institutionen i Nørresundby havde en aftale med Hedegård om, at en af deres brugere måtte få lov til at gå på virksomhedens kontor og tømme papirkurve, lave kaffe, skifte papir i printere og lignende. Jeg var stolt over, at jeg uddannede mig på lige vilkår med en ansat fra Hedegård, i stedet for at være på virksomheden som en psykisk syg.

Mit AMU kursus blev holdt i et lokale på Øster Uttrupvej i Aalborg samme sted, som kokkene blev uddannet. Derfor var maden i kantinen lavet af kokkeeleverne og var udsøgt god. Mette kom da også forbi og "besøgte mig", mens jeg var i skole, og spiste med mig i kantinen.

Efter en måned havde jeg færdiggjort mine to AMU kurser og havde papir på, at jeg kunne bestride en række jobfunktioner med programmet Adobe Photoshop. Stolt og glad cyklede jeg hen på institutionen i Nørresundby og viste en ansat mine kursusbeviser. Jeg fik dog ikke ros.

"Hvorfor viser du det til mig?", spurgte den ansatte mig bare surt og fjendtligt.

"Så kan du se, at jeg kan finde ud af noget, selvom jeg kommer her på institutionen", svarede jeg spontant.

"Jeg tænker, at det netop er fordi, du kan finde ud af lidt, at du er i stand til at gå her på institutionen", var den ansattes svar.

Mine kompetencer fra AMU kurserne brugte jeg i mit partiarbejde i de følgende 4 år, hvor jeg lavede grafiske plakater og løbesedler for KP. Noget af min grafik blev også trykt i avisen Dagbladet Arbejderen, som KP udgav.

Da institutionen i Nørresundby skulle have nyt logo, tilbød jeg at bruge mine grafiske færdigheder til at designe et logo til institutionen. Jeg fik at vide, at jeg gerne måtte vise dem et udkast til et logo. Samtidig betalte institutionen en ven af en af de ansatte for at designe et logo. Til sidst blev begge logoer så præsenteret for institutionens brugere på et møde, hvor brugerne skulle vælge, hvilket logo, de ville have. Dette møde var dog en skueproces, hvor de ansatte kritiserede mit logo og roste det andet logo og brugerne som umælende får rettede ind efter personalet. Jeg følte, at mit logo og mine færdigheder blev nedgjort foran alle institutionens brugere.

Institutionen roste sig af at holde sådanne møder, hvor beslutninger blev truffet ved konsensus mellem brugerne. I praksis var det dog bare en ansat, der præsenterede to muligheder, hvor det tydeligt skinnede igennem, hvilken mulighed der var god og skulle vedtages og hvilken, der var dårlig, hvorefter brugerne skulle vælge den gode mulighed. Brugerne turde ikke tage en diskussion, da de var syge, medicinerede og klientgjorte af deres tid i psykiatrien.

En aften ringede min far til mig og sagde, at han havde en meget trist nyhed, som han var nødt til at fortælle mig. Jeg vidste med det samme, hvad der var sket.

"Er bedstefar død?", spurgte jeg.

"Ja", svarede min far og jeg begyndte at græde.

Nu var det slut med at besøge bedstefar, slå hans græsplæne i solen, spise flødekager og drikke kaffe med snaps sammen. Det var også slut med de hyggelige timer, hvor hele familien havde siddet i bedstefars udestue og vi havde drukket kaffe af det fine mågestel, mens regnen trommede mod udestuens vinduer. Det var slut med en betænksom bedstefar, der altid ville hjælpe og altid havde fundet en eller anden nyttig ting i sit hus til os, som vi skulle have, fordi vi kunne få brug for den. Det var slut med, at bedstefar havde klippet billeder ud af Remas reklamer af de varer, han ville have, og givet os billederne, så vi kunne gå i Rema og handle for ham. Han havde ikke kunne unde sig selv noget lækkert mad, men ville altid have det billigste.

Han havde nægtet at få hjemmehjælp og sagt, at han ville have en robotstøvsuger i stedet. Til sidst kunne han ikke blive boende i sin gamle villa og min far havde fundet ham død samme morgen, som han skulle på plejehjem. Han sluppet for at komme på plejehjem.

Nu havde vi blot alle minderne med ham. Minderne om, når han juleaften kom en flæskesteg i ovnen og tog sin fine hvide skjorte på og sad og holdte jul alene, som han helst ville. Minderne om kaffekanden, han havde fyldt op med vand og satte på bordet i stuen for at være sikker på at få nok væske. Minderne om karaflen med rødvin, der også altid stod på bordet.

De sjove minder om hans konflikter med hans nye nabo over naboens kat, som han ikke ville have til at løbe i sin have. Først var han gået ind til naboen og havde skældt ud over katten. Da det ikke hjalp, havde han købt en vandpistol, så han kunne sidde i sin udestue og skyde efter katten. Mindet om det store, fine kirsebærtræ, som han ville have fældet i sin have, fordi han var sur over, at fuglene spiste kirsebærerne.

Minderne om dengang, vi tilfældigvis så ham komme gående på en gade i Hjørring bærende på en barstol over skulderen. Senere fandt vi ud af, at han havde anskaffet sig barstolen, så han kunne sidde ned og skrælle kartofler, fordi han ville have ordentlige kartofler til maden og ikke kartoflerne fra centralkøkkenet, som smagte af vand.

De tidligere minder fra, da min bedstemor også levede og hun havde lavet dejlig gammeldags mad til hele familien. Til en familiesammenkomst, hvor min bedstemor havde lavet andesteg, var en knap pludselig sprunget ud af min bedstefars skjorte under middagen, fordi min bedstefar var blevet lidt for tyk af min bedstemors gode mad. Dette havde vi alle moret os over.

Tidligere minder fra, da min bedstefars og bedstemors tidligere nabo levede. Hun havde et nært venskab med min bedstefar og bedstemor og var en ven af familien.

Min bedstefar havde ikke været religiøs og han blev bisat fra kapellet i Hjørring, hvor vi kun var den nærmeste familie og Mette. Min far og min faster sagde begge nogle ord om ham og min far afspillede to sange på en medbragt ghettoblaster. Den ene sang var Bjørn Afzelius' sang "Lyset", som jeg holdt af, og den anden sang var salmen "Du som har tændt millioner af stjerner". Min bedstefar slap ikke for en salme.

Jeg havde ønsket, at Mette skulle møde min bedstefar. Det nåede hun ikke, men så var hun til gengæld med til bisættelsen. Efter bisættelsen spiste familien på Jensens Bøfhus, stemningen var lidt højtidelig men også god og hyggelig og Mette kom til at takke min far for en god dag.

"Hov. Hvis ellers man kan kalde en bisættelse for en god dag.", rettede Mette sig selv.

"Vi er kun glade for, at det har været en god dag", svarede min far Mette.

En sen eftermiddag ringede formanden for min partiafdeling til mig. En af vores partifæller havde gennem længere tid isoleret sig i sin lejlighed og siddet og drukket og hun mente, at han var en tikkende bombe. Det skulle vi tage hånd om og hun ville gerne aflægge ham et besøg sammen med mig. Hun ville gerne have mig med, da hun mente, at han kunne være psykisk syg og hun antog, at jeg havde forstand på psykisk sygdom.

Vi ankom til hans lejlighed, hvor det flød med whisky flasker og der var tomme pizzabakker og bananfluer. Han drak én flaske whisky om dagen. Han var glad for at se os og vi gik i gang med at gøre hans lejlighed ren. Han var lidt bevæget, takkede os og indvilgede i at tage imod hjælp. Enden på det hele blev, at han kom i alkoholbehandling i en anden by.

Mettes og min første tid sammen var ren lykke. I starten var det helt uvirkeligt for mig, at jeg nu endelig havde en kæreste. At få en kæreste, som jeg havde drømt om i hele mit voksenliv, var nu endelig gået i opfyldelse. Vi havde været på den første date. Så kom det første kys og den første gang, vi gik i seng sammen. Vi svævede begge på en lyserød sky af forelskelsens glæde. Vi havde begge fået smag for fornøjelser. Vi købte et årskort til Aalborg Zoo, tog i cirkus, til koncerter, tog ud og spise, gik på værtshus og besøgte familie og venner. Jeg satte mig det mål, at vi skulle opleve mest muligt og at der skulle ske noget hele tiden. Imellem alle fornøjelserne og familiebesøgene lærte vi langsomt hinanden rigtigt at kende.

Vi udtrykte vores glæde og kærlighed til hinanden på mange måder. Mine færdigheder fra mine to AMU kurser brugte jeg til at lave en flot grafisk kogebog specielt til Mette med opskrifter på- og små historier om alle de gode middage, vi havde spist sammen. Vi var begge lige madglade. Mette sagde, at hun hellere ville have en stor bøf end en lille sommersalat. Vi kaldte hinanden for kælenavnet "Panda" og senere bare "Bamse", fordi vi gennem vores nye interesse for Aalborg Zoo havde opdaget, at pandabjørne brugte meget tid på at sove og spise ligesom os.

Jeg var lykkelig. Det var den bedste tid i mit liv og stod det til mig, skulle det bare have fortsat sådan resten af livet, men der ventede en stor ulykke på os i horisonten. Mette ville flytte sammen med mig og samtidig gav psykiatrien mig ny medicin, fordi min tidligere medicin med lægernes ord gav mig en tårnhøj kræftrisiko.

I februar 2014 flyttede Mette og jeg sammen i et rækkehus i Nørre Uttrup i udkanten af Nørresundby. Vi havde på eget initiativ skrevet os op til bolig et par år tidligere.

Nogle måneder før vi flyttede sammen, var jeg blevet frygtelig forpint af medicinskiftet med dårlige følelser og vrangforestillinger. Derfor var jeg begyndt at drikke voldsomt hver dag, da jeg så kunne have det bedre indvendig. Den 29. december 2013 nåede jeg helt op på 21 genstande. Den dag havde først Yrsa og Didrik besøgt mig og jeg havde serveret retten Paella med karryris og skaldyr for dem, mens jeg var stærkt beruset, og bagefter var jeg gået i byen. De havde mest taget min beruselse som en selvfølgelighed.

Næste morgen var jeg så forpint, så jeg gik ned på støttecentret og sagde, at jeg ville indlægges på psykiatrisk sygehus, hvilket jeg blev. På sygehuset fik jeg antabus, som jeg trofast tog i de næste 4 år. Mette kom og fejrede nytårsaften med mig på sygehuset. Vi sad ved et bord og spiste sammen med de andre patienter, men jeg var den eneste, der havde en gæst. Der var ikke rigtig nogen, som sagde noget, men jeg var meget glad for, at Mette var der. Hun turde ikke tage hjem fra sygehuset om aftenen nytårsaften, fordi hun følte, at det var meget utrygt at bevæge sig ud i byen på det tidspunkt. Vi spurgte, om hun måtte sove på min stue, men det måtte hun ikke. Vi havde ellers tidligere testet, at sengen på min stue kunne holde til os begge to. Det endte så med, at jeg måtte følge Mette hjem i en taxa og tage taxaen tilbage til sygehuset.

Kort efter blev jeg udskrevet. Under indlæggelsen var der ikke sket andet end, at jeg var kommet på antabus. Heller ikke selvom, at jeg havde drukket så meget, fordi jeg var forpint af min nye medicin. Nu fik jeg så bare medicinen, som gjorde mig forpint, uden at have mulighed for at dulme smerterne med alkohol.

Kort efter min udskrivelse flyttede Mette og jeg ind i vores nye rækkehus. Familie, venner og partifæller hjalp mig med at flytte, mens Mette havde lejet et flyttefirma, som viste sig at være svindlere, som stjal nogle af hendes ting. Lidt research på nettet bekræftede os også i, at flyttemændene var kendte svindlere, men vi havde ikke overskuddet til at anmelde deres tyveri.

Formanden for min lokalafdeling af KP havde fortalt mig, at en gensidig forelskelse som regel varer i to år. Mettes og mit forhold havde nu passeret disse to år og nu skulle prøven stå, om vi kunne finde en mere moden kærlighed til hinanden og få en dagligdag til at fungere.

I 2020 opsummerede jeg i et digt vores forhold således:

Du ser alle mine fejl og mangler
Skræmmer, ar og et hjerte, der banker
I dine øjne er jeg ganske fin
Du tager mig ind og gør mig til din

Men slibes skal en diamant
Væk med venner. Væk med kant.
Vi skal flytte sammen
Og du skal være mit et og alt

Du kæmper en hård kamp
For at få det til at fungere
Jeg vil så meget andet
Og kan ikke prioritere
Du gør det forbi
Før vi begge kaperer

Nu vil jeg lige sige til dig
Tak for, du så det bedste i mig
Så smuk har jeg aldrig været før
Jeg håber, der åbnes endnu en dør!

Vores rækkehus i Nørre Uttrup var vores lille slot. Mette indrettede huset så fint og romantisk og i haven var der lyserøde roser og jeg plantede flere blomster. De mest avancerede madopskrifter, som jeg med held har lavet, lavede jeg lige, da vi var flyttet sammen. Vi spiste maden af det fine mågestel, som jeg havde arvet efter min bedstefar. En dag Mettes ene søster skulle besøge os til eftermiddagskaffe, havde jeg dagen forinden både bagt lagkagebunde, lavet lagkagefyld, bagt småkager, lavet hjemmelavet sorbet og også lavet en mousse.

Vi satte standarden for vores fælles hjem skyhøjt, når det kom til madlavning og rengøring, og det skyldtes nok, at vi manglede en realistisk målestok for, hvad det vil sige at bo sammen. Til sidst kunne vi ikke leve op til vores egen høje standard. Vi satte også standarden for, hvad det vil sige at være et godt menneske, urealistisk højt.

"Man svigter ikke en syg ven", sagde Mette til mig og så besøgte jeg trofast Didrik hver uge, agerede gratis handicaphjælper for ham, købte ind for ham og lavede mad til ham. Dette formåede jeg at gøre samtidig med, at jeg lige var flyttet sammen med Mette og samtidig med mit medicinskift, som jo gjorde, at jeg havde mit indvendige helvede, hvor jeg var forpint af dårlige følelser og også havde psykotiske symptomer og vrangforestillinger.

Det var en stressbelastning uden lige at være gratis handicaphjælper for Didrik, der døjede meget med at bevæge sig pga. sin parkinsons. Jeg hjalp ham på toilettet, når han skulle tisse, for jeg kunne da ikke afslå at hjælpe ham, så han tissede i bukserne. Jeg rejste ham op, når han faldt på gulvet, selvom det var en belastning for min ryg at hive hans mange kilo op, for jeg kunne da ikke lade ham ligge. Senere fandt jeg ud af, at han havde et armbånd med et kaldeanlæg og han bare kunne have ringet efter en hjælper i stedet for at belaste mig unødigt.

Når jeg hjalp Didrik i hans lejlighed, var han mest irriteret på mig og han skældte mig også ud. Jeg undskyldte ham med den store ulykke, der var overgået ham i form af parkinson. En dag, hvor han var faldet, ringede det på hans dør og en ansat fra psykiatrien kom forbi.

"Hvorfor ligger Didrik der?", sagde den ansatte anklagende til mig, som om at jeg havde skubbet ham ned på gulvet.

Jeg måtte så forklare, at han var væltet.

Når jeg var cyklet hjem fra Didrik, lagde jeg mig på sengen med kraftig hjertebanken pga. stressbelastningen, jeg rystede og det snurrede rundt i mit hoved.

Jeg var virkelig psykotisk i den periode. Jeg havde vrangforestillinger om, at Mette og jeg blev overvåget i vores hjem, at jeg blev overvåget på gaden og jeg følte, at alle mennesker snakkede ondt om mig. Jeg ignorerede dog bare mine psykotiske symptomer og gjorde det, som forventedes af mig, når det kom til at hjælpe Didrik og forsøge at passe mit og Mettes hus og have efter vores høje standard, så det lignede noget fra Bo Bedre.

Psykiatrien gjorde igen skade i stedet for at gøre gavn. Selvom jeg tiggede og plagede, måtte jeg ikke få min gamle medicin igen, men jeg skulle have det nye medicin, som jeg led under. Til gengæld trappede psykiatrien mig helt op i nogle beroligende piller, selvom det ikke var noget, som jeg ønskede, og jeg kun oplevede bivirkninger og ingen virkning.

Psykiatrien ville have, at jeg skulle gå fra Mette, da jeg efter deres opfattelse havde det dårligt af at bo sammen med hende. At det var min nye medicin og mit ugentlige arbejde med Didrik, der var problemet, havde de ikke forstået.

Da en psykolog fra psykiatrisk sygehus uopfordret sagde til Mette og mig, at hun også kunne hjælpe par med at gå fra hinanden, kiggede vi forskrækket på hinanden og efter psykologsamtalen blev vi enige om, at vi ikke ville snakke mere med den psykolog, da hun var farlig. Vores kærlighed til hinanden var stor, selv under de umenneskelig hårde omstændigheder, som vi levede under, og intet kunne skille os ad.

Både min krop og Mettes krop reagerede på stressbelastningen, som vi var under. Vi tabte os begge voldsomt på uforklarlig vis og lægerne mistænkte, at jeg havde kræft pga. mit vægttab. Det havde jeg ikke. Det var bare min krop, som reagerede på stressbelastningen.

Når Mette og jeg endelig havde lidt ro og havde det lidt godt midt i det hele, skete der tit det, at der holdt en kørestol udenfor døren. Så var Didrik kommet forbi. En dag, hvor han tilfældigvis var kommet forbi samtidig med min distriktsygeplejerske, sagde jeg til min distriktssygeplejerske, at hun skulle bruge tiden på at snakke med ham i stedet for mig, for han havde mere brug for det. Så snakkede hun med ham.

Mette led under min skrøbelige tilstand og alt vores stress. Hun tog et stort ansvar for at få vores fælles hjem til at fungere. Vores hjem var så smukt, vi fik god mad og vores økonomi var i top. Hun havde dog meget brug for ro og tid, hvor hun kunne være alene, og det stressede hende endnu mere, at vores hus tit var fyldt op af min bostøtte og distriktssygeplejerske, samt at jeg havde meget brug for at have kontakt med min familie og venner. Jeg skar så ned på min kontakt med familie og venner. Min mor og far anede ikke, hvor dårligt jeg havde det. De var glade på mine vegne, fordi de troede, at jeg trivedes med at bo sammen med Mette.

Mette og jeg prøvede at finde kompromiser og på at få tingene til at fungere på vores egen måde. I et stykke tid kom det til at gå så godt for os, så vi faktisk snakkede om at forlove os. Så ringede jeg til Didrik, som jeg plejede, for at fortælle ham, at jeg kom og besøgte ham og hjalp ham.

"Hvis du vil besøge mig, skal du skynde dig, for jeg har lige slugt et glas piller", svarede han mig.

Så gik der panik i mig. Jeg afbrød opkaldet til Didrik og ringede 112, så der kunne blive sendt en ambulance til ham. Pga. min panik kunne jeg dog ikke huske hans adresse, da jeg snakkede med alarmcentralen. Der var også gået panik i Mette og hun råbte i baggrunden. Minutterne gik, mens jeg stadig ikke kunne komme i tanke om hans adresse. Så blev personen fra alarmcentralen også vred eller stresset og han råbte til mig i telefonen, at jeg skulle få kællingen til at holde kæft og komme med adressen. Han hentydede til Mette, som råbte i baggrunden. Til sidst gik der et lys op for mig. Jeg sagde til manden fra alarmcentralen, at jeg havde givet ham Didriks fulde navn og han så kunne slå hans adresse op i folkeregistret. Det gjorde han så og dermed blev der sendt en ambulance hjem til Didrik og hans liv blev reddet.

Dagen efter besøgte jeg Didrik på en afdeling på Sygehus Syd. Han havde samtidig besøg af sin mor og far. Han grinede fjollet og sagde til sin far, at min far også havde et stort skæg. Jeg gik hurtigt igen. Jeg var under en stor stressbelastning. Jeg cyklede hjem fra Sygehus Syd og undervejs stoppede jeg ved en smykkeforretning på Boulevarden. Jeg ville købe ringe og fri til Mette, så vi kunne blive forlovet. Da jeg kom hjem, lagde jeg mig på knæ og friede til Mette. Så grinede Mette.

"Jamen, du har jo kun købt én ring", sagde hun.

Midt i min stress havde jeg i smykkeforretningen lavet den fejl kun at købe én ring i stedet for to.

Et par dage senere forærede Didrik mig en flaske rødvin, fordi jeg havde reddet hans liv, men han vidste da godt, at jeg var på antabus.

Min grænse var nået, jeg var blevet vred på Didrik og jeg kunne ikke have mere kontakt med ham. Mette forstod mig. Min stress belastning var nu ved at toppe og jeg cyklede hen på institutionen i Nørresundby. De ansatte der bebrejdede mig, at jeg var vred på en mand, der havde det så dårligt, så han havde forsøgt at tage sit liv. Jeg sagde til de ansatte, at jeg var psykotisk. De troede ikke på mig. Jeg sagde, at jeg ville indlægges og de sagde, at psykiatrisk sygehus ikke var et sommerhus, hvor man lige tog på ferie.

Det lykkedes mig dog at blive indlagt. Mette besøgte mig dagligt på psykiatrisk sygehus og jeg havde også besøg af min mor og far og onkel.

I årene fra 2014 til 2016 var jeg indlagt flere gange. Til sidst sagde en psykiater på den psykiatriske skadestue til mig, at det eneste, de kunne gøre for mig, var at give mig Leponex og henvise mig til bofællesskab. Leponex var den psykofarmaka, som jeg havde fået tidligere i livet, da jeg om muligt led endnu mere og fremstod som et levende lig pga. denne medicin. Bofællesskab havde jeg valgt fra allerede i min tidlige ungdom, fordi jeg ville have et andet liv. Så efter denne udmelding fra psykiateren, holdt jeg op med at opsøge psykiatrisk sygehus. I stedet bed jeg tænderne sammen, når jeg led, da dette var bedre for mig end psykiatrien.

Problemet var jo, at jeg ville have min tidligere medicin igen, som jeg fungerede godt på, selvom medicinen gav mig en høj kræftrisiko. Da Mette så til sidst flyttede fra mig, fordi udfordringerne med at bo sammen var blevet for store, fik jeg lov til at få min kræftfremkaldende psykofarmaka igen. Så kunne det dog være lige meget, for skaden var jo sket, drømmen var brast, Mette og jeg var ikke længere samlevende, men boede hver for sig. Der skete også det, at jeg ikke længere havde det godt, selvom jeg tog min gamle medicin, men havde en stor sorg og bitterhed over mit liv og over, at drømmen om at bo sammen med Mette var blevet ødelagt for mig.

Flere af mine indlæggelser på psykiatrisk sygehus vil jeg kalde åndssvage og meningsløse, selvom jeg opsøgte sygehuset for at få hjælp. Under en indlæggelse oplevede jeg at blive sendt hjem, lige da jeg var blevet indlagt, for lægerne vurderede, at det var tryggere for mig at være hjemme, fordi der var så mange udadreagerende patienter på afdelingen. Jeg skulle så komme igen, når disse patienter havde det bedre.

Under en anden indlæggelse var der en aften en vikar på afdelingen, som kaldte mig ind til en samtale i samtalerummet. Hun fortalte mig, at hendes søn havde taget livet af sig, men at hun kunne kommunikere med sin søn, der nu befandt sig i paradiset. Hun fortalte mig også, at der ikke var forskel på patienterne og lægerne, men at lægerne bare skjulte deres skøre tanker bag en facade. Det sidste kunne hun måske nok have ret i, men jeg var noget utryg, da hun senere på aftenen havde ansvaret for at dele medicin ud til patienterne, for jeg stolede ærlig talt ikke på hendes dømmekraft.

Under en indlæggelse var målet for mig bl.a., at jeg skulle nedsætte mit forbrug af tobak og trappes ud af de beroligende piller, som jeg var blevet trappet helt op i uden, at det havde tjent noget fornuftigt formål. Sygeplejerskerne skulle derfor opbevare mine cigaretter på deres kontor og kun udlevere cigaretter til mig hver time, så jeg dermed nedsatte mit tobaksforbrug. De gav mig dog hurtigt pakken med cigaretter tilbage, fordi de ikke gad have mig til at banke på døren til deres kontor hver time. Om aftenen tvang sygeplejerskerne så nikotinplaster på mig, selvom jeg ikke ville have nikotinplaster på, da jeg ikke plejede at ryge om natten, men der stod fejlagtigt i deres papirer, at jeg skulle have nikotinplaster på, fordi jeg plejede at ryge om natten. Mig troede de ikke på. Der skete da også det, som jeg frygtede, nemlig, at jeg blev tilvænnet endnu mere nikotin og fik et endnu større forbrug af tobak.

Da jeg blev udskrevet fra denne indlæggelse, lavede en læge fejl i min udtrapningsplan af beroligende piller og recepter, hvilket havde det resultat, at jeg fik nogle voldsomme abstinenser. Jeg ringede så til psykiatrisk sygehus for at få fejlen rettet, men da jeg var udskrevet, ville de ikke hjælpe mig. De sagde, at jeg skulle kontakte egen læge. Der var dog helligdage og jeg kunne derfor heller ikke komme i kontakt med egen lægen. Så løste jeg til sidst selv problemet med abstinenserne ved at cykle hen på apoteket og købe en masse nikotinplastre i håndkøb, som jeg tog på, da de kunne dæmpe abstinenserne efter de beroligende piller. Derved blev jeg igen tilvænnet endnu mere nikotin, så den indlæggelse, der skulle have nedsat mit tobaksforbrug, endte i stedet med at forårsage, at mit tobaksforbrug eskalerede.

Under en indlæggelse følte jeg mig så dårligt behandlet, så jeg ville have en kompensation. Jeg stjal derfor en masse af sygehusets egne håndklæder og undertøj, som jeg tog med hjem, da jeg blev udskrevet, da håndklæderne og undertøjet så kunne være min erstatning. Det er i øvrigt den eneste gang i mit liv, hvor jeg har stjålet noget. En anden patient fortalte mig, at han var gået et skridt videre engang, hvor han havde følt sig dårligt behandlet. Han var listet ind på kontorerne på sygehuset og havde hældt vand i alle stikkontakterne, hvilket skulle have resulteret i, at der var blevet ødelagt elektronisk udstyr for flere hundredetusinde kroner. Til sidst blev han dog opdaget og lagt i bælte som straf.

Da jeg boede sammen med Mette i 2014 og 2015, var der et lyspunkt, som holdt mig oppe midt i mine pinsler af psykiatrien og af at hjælpe Didrik. Det var, at jeg var gået i gang med at skrive tre bøger. Dog var det et problem for Mette, at jeg sad så meget ved computeren og skrev og at mine bøger fyldte så meget i vores dagligdag. Jeg burde have prioriteret Mette højere og skriverierne lavere, men skrivningen af bøgerne var mit frirum midt i al lidelsen.

Jeg sendte alle bøgerne ind til et forlag, som gav mig fine tilbagemeldinger, men dog ikke ville udgive bøgerne. Den første bog var en historisk roman, hvor man fulgte nogle familier gennem tre generationer og så, hvordan disse familiers veje krydsedes. Jeg fik den tilbagemelding, at denne roman var et vældig godt forsøg, men den dog havde nogle mangler. Den anden bog var en selvhjælpsbog med titlen "Skrivekursus for dig, der har psykiatri inde på livet". I tilbagemeldingen stod der, at bogen sikkert ville møde et behov, men at jeg havde brug for at samarbejde om bogen med personer med erfaring i pædagogisk formidling. Den sidste bog var en science fiction roman. Romanen skrev jeg i 2014 og 2015 og romanens handling foregik i 2020. En del af romanens handling var, at menneskeheden ville blive ramt af en række katastrofer og der blev krig. Der kom så også corona pandemien og krigen i Ukraine, så min bog havde da forudset, at der ville ske et eller andet. Bogen fik den tilbagemelding, at jeg ikke skulle opgive at blive forfatter, selvom de valgte ikke at udgive bogen, men at de vurderede, at jeg med lidt mere øvelse og erfaring i at skrive, kunne blive meget bedre.

Jeg tror, at jeg ubevidst fik bearbejdet nogle svære følelser ved at skrive disse bøger.

I 2015 havde jeg gennem institutionen i Nørresundby fået kendskab til, at Johannes var kommet på plejehjem på Grønlands Torv og var her på lånt tid. Han ville gerne have besøg. Jeg tilbagelagde derfor til fods vejen fra Nørresundby til Grønlands Torv for at besøge ham. Jeg kunne kende ham, selvom han virkede mere skrøbelig. Jeg viste ham mine tre bøger, men han sagde, at han ikke kunne nå at læse dem, fordi han snart skulle dø. Hans sidste forfatter-råd til mig var, at jeg skulle skrive kærlighedsdigte til Mette. Vi snakkede lidt og til sidst blev han træt og satte klassisk musik på sin cd-afspiller. Inden jeg gik, forærede han mig nogle bøger, han havde skrevet, og en cd, som han havde skrevet teksterne til. Under besøget fik han flere gange tårer i øjnene. Jeg tolkede, at dette skyldtes, at han havde smerter. Han kunne stadig ryge. Kort efter døde han. Han nåede at fejre sin 70 års fødselsdag.

Vejen hjem til Nørresundby fra Johannes på Grønlands Torv gik jeg også til fods og undervejs gik jeg alene ind på 1000Fryd og hørte en koncert med David

Rovics. Dette var i orden med Mette. Den dag blev en god dag og alt i alt gik jeg 18-20 km til fods den dag. Jeg var begyndt at gå lange turde. Både fordi, jeg kunne lide det, men også fordi, at jeg havde svært ved at tage bussen pga. min psykiske tilstand.

I 2015 magtede jeg også at være lidt politisk aktiv på trods af, at jeg led. Jeg var et par gange med til protesterne mod prøveboringerne efter skifergas ved Dybvad. Vi politisk aktive og en række lokale borgere ønskede ikke, at det franske firma Total skulle bore efter skifergas, da dette ville forurene voldsomt og ødelægge miljøet.

En dag deltog jeg i en blokade ved skifergas boringen, hvor vi stillede os op og spærrede vejen, så lastbilerne fra Total ikke kunne komme forbi os med udstyr til boringen. Der var en stor kontrast mellem de store voldsomme lastbiler fra Total og os skrøbelige demonstranter. En demonstrant måtte skubbes i en kørestol og der var ældre mennesker og helt unge mennesker. Min partifælle og jeg forlod til sidst blokaden, før politiet ankom.

Disse protester havde et succesfuldt udfald og det endte med, at der ikke blev boret efter skifergas.

Midt på året i 2015 var det blevet for meget med kaos og lidelse i mit og Mettes samliv og Mette forlod mig. Vi blev dog enige om at holde kontakten. Jeg havde en stor sorg og at jeg nu havde fået lov til at få min kræftfremkaldende psykofarmaka igen, som jeg tidligere havde fungeret godt på, hjalp mig ikke i livet uden Mette.

I processen, hvor Mette og jeg gik fra hinanden, var Johnny til stor hjælp. Jeg overnattede flere gange hos ham, når Mette skulle have rækkehuset og flytte sine ting ud. Han havde bil og han boede i et lejet større hus ude på landet, hvor der var god plads til mig. Han og min familie hjalp mig også med at skaffe og samle nye møbler og lamper fra IKEA.

Mette og jeg holdte kontakten og vi fejrede Nytårsaften sammen i 2015. Inden, vi var gået ind i 2016, var vi blevet enige om at være kærester igen, men bo hver for sig. Det havde været nogle hårde måneder, hvor vi skulle undvære hinanden.

Tingene blev dog ikke helt som før, selvom Mette og jeg var kærester igen. Noget af glæden og magien var forsvundet. I takt med, at mine søstre og andre omkring mig klarede sig vældig godt med job og uddannelse, satte det mit eget liv i perspektiv og jeg fik en stor sorg, vrede og bitterhed over det liv, som var blevet mit. Alt vreden og bitterheden kom til udtryk på uheldige måder. Bl.a. ved at jeg sendte vrede beskeder til mine forældre og søskende, som de havde svært ved at rumme.

Min yngste søster, som jeg var mest knyttet til, var blevet optaget på Kunstakademiet. Hun havde også fået et hemmeligt studiejob som kurer for Bankernes Kontantservice, som var det sted, hvor bankerne opbevarede deres kontantbeholdning. Hun skulle hente bankernes beholdning af kontanter og aflevere kontanterne til Bankernes Kontantservice. For at få jobbet, var hun blevet sikkerhedsgodkendt af PET. Jeg syntes, at hun var dygtig og modig, men jeg var også lidt misundelig på hende.

Et par år tidligere havde hun vist sit mod ved at være i en kibbutz i Israel, som viste sig at være en hård arbejdslejr. Under opholdet i Israel måtte hun drage omsorg for sin veninde, som var brudt sammen. 1. Maj i Israel havde hun fået fat en kommunistisk løbeseddel, skrevet på hebraisk, som hun forærede mig.

Min ældste søster havde fået et godt job som grafisk designer i et succes-firma, som vandt Gazelle prisen, men hun længtes dog mest efter at få mand og børn.

Min fødselsdag d. 17. april 2016 holdte jeg med Mette og Johnny hjemme hos mig. Vi grillede svinebryst og dertil havde Mette stegt pommes frites i min frituregryde. Da først Johnny var kørt hjem og jeg havde givet Mette et kram og hun havde taget bussen hjem, var jeg trist.

"Det her går ikke. Jeg bliver nødt til at gøre noget.", sagde jeg til mig selv.

Det var nemlig blevet helt uudholdeligt for mig selv og mine nærmeste med min tristhed, vrede og bitterhed over det liv, der var blevet mit, og jeg blev nødt til at finde glæden frem.

Jeg lavede derfor et meget detaljeret skema over min hverdag med ting, jeg skulle gøre time for time og minut for minut. Jeg sørgede for, at der både var pligter og fornøjelser i skemaet. Ved hver aktivitet i skemaet, noterede jeg bl.a., hvor glad jeg havde været, mens jeg udførte aktiviteten.

Langsomt kunne jeg dermed se, at min glæde steg og i de sidste dage, hvor jeg fulgte skemaet, var jeg faktisk glad hele tiden. Jeg tror, at skemaet virkede, fordi det gav struktur, overblik og tryghed over min hverdag, samt at jeg hele tiden havde meningsfulde aktiviteter, som kunne aflede mig fra de triste tanker og følelser.

Aktiviteterne, som oftest var af en times varighed, var bl.a., at jeg skulle få bedre styr på mit budget, at jeg skulle få mere styr på rengøringen af mit hjem, at jeg skulle øve mig på mit elorgel, at jeg skulle læse i en bog osv. I takt med, at jeg udførte aktiviteterne, så jeg, hvordan der skete fremskridt i mit liv på flere områder. Man skal ikke undervurdere vigtigheden af struktur.

Jeg havde tidligere set et ugeskema i psykiatrien, men psykiatriens ugeskema var langt mere simpelt end mit ugeskema, evaluerede ikke glæde ligesom mit ugeskema og der var ikke aktiviteter i psykiatriens ugeskema, som pegede fremad. Aktiviteterne i psykiatriens ugeskema drejede sig snarere om at vedligeholde de mest basale færdigheder. I psykiatriens ugeskema var der afsat mange hvilepauser og rygepauser, så psykiatrien så det som en selvfølgelighed, at psykisk syge røg (eller ikke kunne stoppe med at ryge) og at de ingen energi havde.

Mit ugeskema, der var et .PDF dokument, indebar endda også, at jeg skulle samle de bedste minder fra hver dag i form af fotos og små videooptagelser og sætte dem ind i dokumentet, for at have fokus på glæden.

Jeg viste mit ugeskema til en ansat i psykiatrien, der tidligere forgæves havde forsøgt at læse til datamatiker. Han var meget imponeret over mit skema og sagde, at de punkter, som jeg evaluerede mine dage efter, var så detaljerede, så man kunne laver grafer efter dem. Vi blev enige om, at mit hjemmelavede ugeskema ville kunne blive til en god App.

Fordi jeg havde fulgt mit hjemmelavede ugeskema, var jeg blevet glad og jeg havde fået så meget overskud i mit liv, så der skulle ske noget nyt. Jeg ville begynde at gå til boksning og jeg ville begynde at komme i en kirke.

Min interesse for boksning udsprang af, at jeg gerne ville kunne hvile i mig selv ved at vide, at jeg ville være i stand til at forsvare mig selv, og jeg at gerne ville kunne kalde mig bokser. Min interesse for kirken var et levn fra den psykotiske tid, hvor Mette og jeg var samlevende og jeg også havde haft mærkelige tanker om religion og læst i en Bibel. Nu var disse skøre tanker bare blevet til en interesse for religion.

Jeg nævnte for min bostøtte, at jeg ville begynde til boksning. Hun tilbød at kontakte bokseklubben og spørge, om jeg måtte have lov til at komme og slå på en boksebold, mens de andre trænede. Jeg var på ingen måde interesseret i at være en psykisk syg, der slog på en boksebold, mens de andre trænede. Jeg ville være medlem af bokseklubben nøjagtig ligesom de andre. Jeg fik min bostøtte til at blande sig uden om og så ringede jeg til bokseklubben og meldte mig ind. I telefonen sagde jeg, at min kondition og styrke var elendig, men jeg fik at vide, at de trænede min kondition og styrke op.

Jeg gik så hen i bokseklubbens lokaler en aften, hvor der var træning, og jeg blev taget rigtig godt imod. Jeg fik at vide, at jeg bare skulle gøre, hvad jeg kunne til træningen. Når det ikke var mere indviklet, var der ingen problemer for mig.

Det viste sig at være en fordel for mig, at jeg havde været angst for at tage bussen, for mine lange gåture på 18-20 km som erstatning for bus, havde faktisk givet mig en bedre kondition, end jeg lige var klar over. Da jeg startede i bokseklubben, var jeg derfor i stand til at løbe to gange rundt om en kridtgrav sammen med de andre. Løbeturen indbefattede også nogle stejle trapper, som man skulle op- og ned ad, og jeg var faktisk ikke den dårligste på holdet. Heller ikke selvom jeg røg og havde kroppen fuld af medicin.

Pga. min tunge medicinering med psykofarmaka, der bl.a. gjorde mig udmattet og tog min energi, skulle jeg arbejde dobbelt så hårdt til boksetræningen som alle de andre på holdet, men jeg klarede det.

I starten var min udfordring til boksetræningen ikke konditionen men motorikken. Jeg døjede frygteligt med at hoppe i sjippetorv, men langsomt fik jeg også dette lært. Gennem boksetræningen blev især min koordination og motorik langt bedre.

Boksetræning er den sport næstefter svømning, hvor man bruger alle dele af kroppen mest, og derfor er boksetræning meget sundt. Træningen er en blanding af styrketræning, gymnastik og bokseteknik. Til boksning fik vi mulighed for at slå på hinanden og det kunne jeg rigtig godt lide. Vi skulle både give hinanden nogle ordentlige slag i maven for at træne mavemuskler og vi skulle øve bokseteknik ved at slå nogle slag mod hinanden to og to. Vi var også oppe i ringen enkeltvis, hvor vi bevægede os rundt med en træner og skulle slå på nogle "plader", som træneren havde på hænderne. Det mindede lidt om en regulær boksekamp. Jeg oplevede også, hvordan man kan få en lille rus af at dyrke hård motion, fordi det får hjernen til at frigive nogle lykkestoffer. På et tidspunkt deltog jeg i tre timers hård boksetræning i samme uge. Det er min rekord.

Min far støttede op om min boksning ved at tage med mig til træningen og kigge på, mens jeg trænede. Jeg var hyppig gæst ved lokale boksestævner, hvor jeg også havde familie og venner med. Mette var også med i bokseklubben et par gange og vi prøvede at træne sammen en enkelt gang, hvilket jeg elskede, men Mette fattede desværre ikke interesse for boksning.

Senere fik jeg muligheden for at prøve at være oppe i ringen med hjelm og tandbeskytter og bokse en kamp mod min træner. Min træner kunne have smadret mig så let som ingen ting, men han tilpassede sit niveau til mit niveau.

Min boksetræning inspirerede mig i 2021 til at skrive dette digt:

Det er ikke nu, vi snakker. Vis så, at du kan slå fra dig.
Ikke bakke ud af ringen. Lige højre. Slå på drengen.
Ud af næsen blodet flyder. Tredje runde. Klokken lyder.

Dommen er klar. Det blev et nederlag. Et af de store. Det er min egen sag. Jeg er ikke svag.
Jeg har kæmpet mod druk, idioter og mig selv.
Dybest set er jeg ikke bleg for at kæmpe for det, jeg tror på.

Jeg tror på, at ingen skal hævde sig økonomisk eller socialt, så det går ud over andre.

Jeg begyndte at opsøge den lokale baptistkirke. Baptistkirken kendte jeg fra min barndom, hvor jeg havde været baptistspejder og min morfar havde været baptistpræst.

Først kom Mette og jeg bare til en gudstjeneste. Efter gudstjenesten kunne vi ikke huske, hvad præsten havde sagt. Da vi skulle have nadver til gudstjenesten, vidste jeg ikke, om der var alkohol i nadvervinen og jeg var på antabus. Dog følte jeg mig presset til at drikke vinen ligesom de andre, for jeg ville ikke midt i ceremonien spørge, om altervinen indeholdt alkohol eller undlade at drikke vinen, og det er i grunden lidt skræmmende. Heldigvis var nadvervinen bare saft. Det voldte os nogle problemer at finde de rigtige sider i salmebogen, men efterhånden som jeg deltog i flere gudstjenester, trænede jeg mig op til at finde de rigtige salmer hurtigt.

Siden havde Mette og jeg en hyggelig søndag, hvor vi inviterede Birger og Johnny på hjemmelavet hønsekødssuppe og var i kirke først. Birger ville med i kirke og han blev hurtigt bidt af kirken og ville også begynde at komme der. Det endte med, at det blev Birger og jeg, der tog i kirke hver søndag, mens Mette blev hjemme.

Det var først, da jeg en mandag deltog i kirkens ugentlige kaffebord, at jeg snakkede med andre fra kirken. Vi havde ikke snakket med nogle til gudstjenesterne. Det var mest ældre mennesker, som deltog i kirkens mandagskaffe, som lå i arbejdstiden, og det viste sig, at nogle af de ældre havde kendt min morfar, som de talte meget pænt om. Selv har jeg ikke mange minder om min morfar.

Kirkens daværende præst Charlotte fandt det nødvendigt at lave noget undervisning til Birger og jeg, som vi skulle igennem for at blive en del af menigheden. Da ingen af os havde den store kirke-erfaring, skulle fremtrædende medlemmer af menigheden lære os om baptistkirken og kristendommen.

Da et medlem af menigheden, der var sygeplejerske, skulle undervise os, fortalte han, at han tidligere havde været ansat på en psykiatrisk afdeling. Han stillede mig også nogle spørgsmål, der ikke var særlig rare og bar præg af hans fordomme. Da undervisningen, som havde varet i en time, var slut, sluttede han af med at spørge mig, om jeg havde forstået noget af det, som han havde sagt.

"Tror han, at jeg er dum?", tænkte jeg.

Birger derimod følte sig godt tilpas og lagde sit hoved i de rette folder til undervisningen. Jeg var mere skeptisk og vurderede, om jeg var enig eller uenig i det, vi fik at vide.

Da et andet medlem af menigheden skulle undervise os, fortalte han os malende om, at Jesus gik rundt blandt tiggere, spedalske, rige og fattige og at de havde en fest. Han lagde meget væk på at gøre det tydeligt for os, at både rige og fattige var lige gode kristne og dermed retfærdiggjorde han jo økonomisk og social ulighed, hvilket jeg fandt afskyeligt. Han spurgte mig også efter, om jeg var tungt medicineret.

"Ser han mig mest som et psykiatrisk tilfælde og ikke som en kristen ligesom de andre?", tænkte jeg.

At jeg i kirken hurtigt havde fået den kedelige rolle som en anderledes psykisk syg blev bekræftet, da Charlotte aflagde Mette og mig et besøg i mit hjem. I Mettes påhør beskrev hun nemlig levende for mig, hvordan jeg stak ud fra mængden med "min manglende mimik" og "stive bevægelser", fordi jeg var psykisk syg. Det blev jeg ligeså såret over, som jeg blev dengang, hvor en psykiater havde sagt og skrevet i min journal, at jeg gik som en robot. Nogen gange var jeg stivnet og fastlåst af traumer og nervøsitet. Andre gange, når jeg var tilpas, bl.a. i mit samvær med Mette og til boksetræningen, var jeg levende, smilende, fuld af sjov og i omdrejninger. At Charlotte sad og udtalte sig om noget, hun ikke havde kendskab til og satte mig i en kedelig bås foran Mette, var utilgiveligt.

Mette og jeg gik en dag en længere tur i Nørresundby og da vi skulle låne et toilet undervejs, lagde vi vejen forbi institutionen i Nørresundby.

"Jeg vil pisse på institutionen", sagde jeg til Mette.

Den kunne forstås på to måder og vi grinede. Da vi var på vej ud fra institutionen, kom en ansat hen til os.

"Mette, nu skal du hører. Ove har spurgt efter dig og han har også afleveret et brev til dig. Når der bliver afleveret et brev til en bruger, er det sådan, så vi giver det videre", sagde han.

Derpå overrakte den ansatte Mette et kærestebrev, som Ove havde skrevet til hende, lige foran mit ansigt. Mette og jeg var på daværende tidspunkt i vores forhold på 5. år. Jeg fandt den ansattes opførsel ydmygende og respektløs over for mig og Mette forstod mig. Hun så meget mærkelig ud i ansigtet, da hun fik overrakt kærestebrevet fra Ove.

"Der fik du en opmærksomhed, som du gerne ville have været foruden.", undskyldte den ansatte over for Mette.

Til et medlemsmøde i KP blev det meddelt, at vores partiafdeling havde fået en forespørgsel, om vi ville tage os af en ung mandlig iransk flygtning, der var kommunist og som var kommet til Aalborg. Hurtigt stod det klart, at ingen af mine partifæller havde det fornødne overskud i deres liv til at tage sig af den unge mand. Så sagde jeg, at jeg nok skulle tage mig af ham.

De første gange mødtes jeg med den unge iranske mand, der hed Nadar, i torsdagscafeerne i Socialisternes Hus. Han havde både problemer med at snakke dansk og engelsk, men vi kommunikerede ved at vise hinanden billeder på vores mobiltelefoner. Han var meget ydmyg og underdanig, hældte kaffe op i en kop til mig, kom sukker i kaffen og rørte rundt i kaffen for mig. Udenfor Socialisternes Hus samlede han cigaretskodder op, som han kom i en skraldespand. Han viste mig bl.a. et billede på sin mobiltelefon, hvor han gik rundt i nogle bjerge med et gevær.

Hurtigt vandt jeg hans tillid og jeg fik ham med til nogle medlemsmøder i KP. Mine partifæller og jeg fik kort efter et møde i stand mellem ham, os og et medlem af Enhedslisten, som kunne farsi og tolke. Så fortalte han sin livshistorie. I sin tidlige barndom havde han arbejdet hårdt i landbruget i stedet for at gå i skole. Som ung var han blevet politisk aktiv og derfor var han senere blevet fængslet og udsat for tortur. Det var lykkedes for ham at flygte og under flugten havde han været fastspændt under en lastbil i flere døgn.

Jeg var meget påvirket af at høre om hans barske liv, jeg betragtede ham som en helt og jeg tænkte, at jeg ville gøre alt for at hjælpe ham. Jeg inviterede ham på stegt ål sammen med min onkel og en anden partifælle. Selvom jeg var på antabus, havde jeg købt rigelig med øl og snaps, så de andre kunne "få ålene til at svømme". Vi forstod den aften på Nadar, at han fik morfin, fordi han var plaget af smerter efter tortur. Han kunne også drikke store mængder snaps uden, at det kunne mærkes på ham. Jeg tænkte, at det var hans morfin, der gav ham en høj tolerance for alkohol.

Når Nadar og jeg var sammen, prøvede jeg at lære nogle ord af ham på farsi. Jeg lærte bl.a. ordet for smerte, som udtales noget i retning af "Esjije". Så kunne jeg forstå, når han var plaget af smerter. Han livede altid lidt op, blev glad og roste mig, når jeg prøvede at sige ord på farsi.

Engang, hvor han besøgte mig sammen med Johnny, prøvede vi at lave en lille "ordbog" med nogle ord på farsi, skrevet med arabiske skrifttegn, deres danske oversættelse og hvordan ordene skulle udtales.

Jeg havde Nadar med som tilskuer til et boksestævne, hvilket han godt kunne lide, og jeg havde også ham og Birger med til Århus, hvor min søster havde en kunstudstilling i forbindelse med sin uddannelse på Kunstakademiet.

Vi tog toget til Århus og jeg havde bestilt pladsbilletter til os. Nogen havde sat sig på vores plads i toget, jeg viste dem vores pladsbilletter og de flyttede sig. Jeg kunne se på Nadar, der jo var overdrevet ydmyg og underdanig pga. sine skader efter tortur, at det var en stor oplevelse for ham, at andre måtte rejse sig op i toget, så han kunne sidde ned. Jeg tog Nadar med på mit rejsekort.

Kunstudstillingen gik fint, der var en afslappet stemning og alle var glade. Min søsters kunst var en installation med nogle finurlige maskiner, som hun havde skabt. Da vi skulle hjem fra Århus og stemple ind i toget med rejsekortet, var der lidt forvirring. Nadar ville løse problemet og stemple ind med mit rejsekort, men han kom til at stemple for mange personer ind med mit rejsekort, så det blev en dyr togtur. Pyt med det. De penge var i hvert fald Nadar vel undt.

Jeg havde ham også med til mandagskaffe i baptistkirken en enkelt gang. Der viste en ældre kvinde ham et billede på sin mobiltelefon af sit nyfødte barnebarn og det glædede ham. Det lykkedes ham dog efterfølgende at forklare mig, at han syntes, at det var fint "med familie og kirke", men "at han var ateist".

Da jeg var til mandagskaffe i kirken med Nadar, snakkede jeg for første gang med en ældre mand i kirken, der hed Carl. Han var slank, mørkhåret, bar briller, ville gerne i kontakt med mig, virkede meget hjælpsom og ville gerne give gode råd om hus og have. Inden længe havde han foræret mig nogle planter til min have og inviteret mig hjem, hvor han boede med sin hustru i Svenstrup. De boede i en meget hyggelig villa med et dejligt lyst køkken og en flot stue med store orkideer i vindueskarmen og flere antikviteter til pynt. På deres delvis overdækkede terrasse, snoede der sig vindrueranker med store klaser af vindruer op ad væggen. Jeg følte mig straks godt tilpas i deres hjem.

Carl og jeg gik rigtig godt i spænd sammen og hurtigt begyndte vi at ses en fast dag hver uge, hvor vi hjalp hinanden med hus og have. Bl.a. hjalp jeg med at lægge fliser flere steder i Carls have og han hjalp mig med at male mit plankeværk. Han havde været håndværker, satte en ære i at få mig til at bestille noget og det kom jeg også til. Jeg var også nede i hans hyggelige kælder og skifte nogle klinker på væggene og lave andre ting. Udover vores faste ugentlige "arbejdsdag" sås vi også til gudstjeneste i kirken om søndagen og til mandagskaffe i kirken. Selvom vi sås tre dage hver uge, blev vi dog ikke trætte af hinanden.

Til mandagskaffe i kirken spurgte en mand Carl efter, om han var min besøgsven. Han antog åbenbart, at vi ikke kunne have et ligeværdigt venskab, men skulle være besøgsvenner. Igen blev jeg sat i en bås i kirken, som jeg ikke ville være i.
Heldigvis svarede Carl: "Nej, vi er bare venner".

Udover mit engagement i KP deltog jeg også i politisk arbejde i foreningen Internationalt Forum (IF). Denne forening havde til formål at informere om- og vise solidaritet med progressive bevægelser andre steder i verden og deres kamp. Bl.a. var jeg sammen med IF med til at planlægge og gennemføre en demonstration mod Siemens fabrik i Aalborg Øst, fordi Siemens havde forbindelse til Marokko, som havde besat Vestsahara.

Vi fra IF tog bussen ud til Siemens fabrik, stillede os foran fabrikken med et stort protest-banner og tog nogle billeder, som vi lagde på de sociale medier. Vi blev dog også selv fotograferet, da der hurtigt kom en sikkerhedsvagt fra Siemens, som tog billeder af os og bad os om straks at forlade området.

Jeg gav formanden for min lokalafdeling af KP et kort referat fra hvert møde i IF, da mit engagement i foreningen jo var en del af vores udenomsparlementariske strategi.

I IF arrangerede vi også et offentligt foredrag med Torkil Lauesen fra Blekingegadebanden i anledning af, at han havde udgivet en politisk bog.

Blekingegadebandens medlemmer, der var af kommunistisk overbevisning, havde i 1980'erne lavet en række spektakulære røverier, som politiet havde meget svært ved at opklare. Udbyttet fra røverierne havde de overdraget til PFLP for at støtte palæstinensernes frihedskamp. Til sidst endte det med en biljagt, hvor et af bandens medlemmer skød og drabte en politibetjent og bandens medlemmer blev dømt og fængslet. Der kunne dog ikke fældes dom over drabet på politibetjenten, da ingen ved, hvem fra banden, der var morderen, da de alle holdte deres mund. Bandens medlemmer er nu løsladt.

Jeg var meget spændt på at møde Torkil Lauesen, da jeg i min ungdom havde læst om- og været meget fascineret af Blekingegadebanden. Vi var kun fem til foredraget. Birger, jeg, to fra IF og en person, jeg ikke kendte. Torkil var veloplagt, i godt humør og der var en uformel stemning. Han virkede ikke som en farlig terrorist, men snarere som en rar bedstefar. Nu arbejdede han også med byplanlægning i hovedstaden og han fortalte i øvrigt også stolt om sine børnebørn. Jeg fik lov til at blive fotograferet sammen med ham og jeg købte også hans bog, som han signerede for mig.

Han holdte sit foredrag om bogens langhårede teorier om politisk kamp og klodens fremtid og jeg forstod da også lidt af det. Bagefter var der lidt hyggesnak og uformelt samvær. Jeg fortalte ham, at min søster var blevet sikkerhedsgodkendt af PET og havde haft sit hemmelige job som kurer for bankerne. Han afbrød mig dog hurtigt og sagde til mig, at hvis jeg holdte min kæft om min søster, kunne det også være, at hun holdte sin kæft om mig. Jeg fortalte ham også om en episode, hvor der var blevet samlet penge ind til PFLP. Det påskønnede han og han sagde, at PFLP sad i Damaskus og havde det meget svært.

Indsamlingen af midler til PFLP har altid været en prekær sag. På et tidspunkt kom PFLP på EU's terrorliste. Der blev også vedtaget en terrorlov i Danmark, som gjorde det meget forbudt at indsamle midler til organisationen. Anton Nielsen fra Horserød Stutthof foreningen, der er en forening af efterkommere af de kommunister, der under besættelsen blev interneret i Horserød fængslet og senere sendt til koncentrationslejren Stutthof, organiserede også en indsamling til PFLP. Han blev senere dømt for dette og kom til at afsone i Horserød, ligesom hans far havde gjort under besættelsen. Anton Nielsen udtalte, at PFLP fører en frihedskamp ligesom modstandsfolkene i Danmark havde gjort under besættelsen. Nogle år tidligere havde jeg hørt hørt Anton Nielsen tale til en af min partiafdelings sommerfester i Moseby. Foreningen Fighters and Lovers designede og solgte noget modetøj, hvor overskuddet fra salget gik til PFLP.

Jeg begyndte at bruge en hel del tid på at skrive mails hver dag. En fjern slægtning i USA, som jeg aldrig havde haft kontakt med før, kontaktede mig ang. et spørgsmål til sin slægtsforskning. Det endte med, at hun og jeg blev nære venner og skrev sammen flere gange hver uge. Gennem hende fik jeg også kontakt med andre af mine slægtninge i USA.

En mail, som jeg havde sendt til Charlotte fra baptistkirken, havde også udviklet sig til en korrespondance. Jeg havde den forestilling om præster, at de havde en god indfølingsevne, forståelse og at man kunne betro sig til dem. Dette viste sig dog ikke at holde stik. Jeg betroede hende ting om mine traumer fra min skoletid, mit had mod dem fra min skoletid og min bitterhed over, at det var dem, der havde fået et godt liv, og mig, der havde fået et dårligt liv, selvom det var dem, der havde gjort mig ondt. Jeg hungrede efter retfærdighed i forhold til det, som de havde udsat mig for i min skoletid, som havde ødelagt mit liv. Hun mente, at jeg skulle tilgive, at der ikke ville blive konsekvenser for dem fra min skoletid hverken i dette liv eller i det næste og at de skulle være velkomne i kirken, hvis de viste sig der. Ligesom psykiatrien havde gjort, forsøgte hun også at tage alle håb og drømme for fremtiden fra mig ved at beskrive min fremtid således, så tingene ikke ville ændre sig for mig og jeg altid ville have det dårligt. At jeg i årenes løb faktisk også havde klaret mig ret godt, opnået nogle bedrifter alene ved egen hjælp og ydet beundringsværdige indsatser, havde hun ikke blik for. Hun så også psykiatrien som en positiv ting, der var god og ikke skadelig for patienterne, og dermed underkendte hun alle mine dårlige oplevelser, erfaringer og skader fra psykiatrien.

En dag, hvor der havde været spisning og koncert i kirken og vi skulle betale for maden, var jeg gået op til pengekassen og havde vekslet nogle penge, så jeg kunne betale. Da jeg stod ved pengekassen, ligesom de andre fra kirken havde gjort hundredevis af gange, var der så en kvinde, der råbte op og beskyldte mig for at stjæle. Jeg blev naturligvis vred og såret over denne beskyldning og da jeg fortalte til Charlotte, at jeg var blevet beskyldt for at stjæle, svarede hun mig, at hun ikke troede på mig. Min vrede mod Charlotte hobede sig op og jeg endte med at skælde hende voldsomt ud i mine mails. Hun svarede så igen, skældte mig ud og nægtede at døbe mig.

Før jeg stiftede bekendtskab med den lokale baptistkirke, havde jeg da indimellem haft en tro, men baptistkirken fik mig til at miste troen, fordi de behandlede mig så dårligt og fordi flere af dem havde nogle stærkt højreorienterede holdninger og et menneskesyn, der var helt uforeneligt med min moral. Bl.a. støttede flere af dem Israels folkemord mod palæstinenserne, mente i ramme alvor, at det var forkert at være homoseksuel, og mente at fattigdom i Danmark var selvforskyldt og de fattige bare havde kunne prioritere deres økonomi anderledes. Flere af dem støttede ligeledes alle de udlændingefjendske og islamofobiske politikere.

Jeg blev dog ved med at komme i kirken for hyggens skyld og sammen med Carl lagde jeg også en pæn stor arbejdsindsats i kirken, bl.a. med at male kirken flere steder udvendig og indvendig. Jeg stillede også op til menighedsrådsvalg i kirken, indgik i kirkens IT udvalg og søgte indflydelse i kirken på andre måder. Kirken havde jo sat mig i den nedværdigende bås som en psykisk syg og derfor var det mig magtpålæggende at vise mine evner og mit værd. Ved det menighedsvalg, hvor jeg fik flest stemmer, fik jeg 10 stemmer og det var ret godt klaret af en person, der ikke havde været medlem af menigheden i mange år.

En tidligere ansat på institutionen i Nørresundby, der hed Karen og nu var pensioneret, havde jeg fået et usundt venskab med. Jeg havde fået kontakt med hende, fordi jeg inviterede hende med til en fest, som jeg holdte for at fejre, at jeg havde skrevet mine tre bøger. Hun deltog i festen sammen med flere af mine partifæller, familie og venner. Til festen blev der spist god mad, holdt taler for mig, spillet på mit elorgel og sunget. Karen og jeg holdte kontakten, skrev sammen dagligt i flere år og hun besøgte mig flere gange i mit hjem alene og sammen med andre. Mine forældre og jeg købte nogle varer af hende i en lille butik, som hun havde forbindelse til. Hun bad mig også få Carl til at hjælpe sig med sin computer og få min onkel til at vurdere nogle malerier, hun havde i sit hjem, hvilket de gjorde. Jeg var dog ikke velkommen i hendes hjem, vores venskab skulle holdes skjult og hun ville ikke kendes ved mig offentligt. Vores korrespondance endte med at blive ligeså dysfunktionel, som min korrespondance med Charlotte.

Selvom Karen havde arbejdet i psykiatrien i hele sit arbejdsliv, kunne hun ikke se, at jeg havde det dårligt og havde en masse dårligt med i bagagen. Hun mente, at jeg havde et rigtig godt liv, og når jeg klagede min nød til hende, bebrejdede hun mig min selvmedlidenhed. Hun havde ingen forståelse for mig og min situation og hende blev jeg også meget vred på pga. hendes bebrejdelser og manglende forståelse. At jeg havde en stor sorg over mit liv og kunne have ønsket mig noget helt andet, var uforståeligt for hende. Måske mente hun, at psykisk syge var glade, hvor de var?

Efter at mine tre bøger var blevet fejret med festen i mit hjem, tilmeldte jeg mig en skrive-aktivitet i socialpsykiatrien for at dygtiggøre mig med skrivningen som forlaget havde rådet mig til. Niveauet, som underviseren lagde på skrive-aktiviteten, var dog så lavt, så det var umuligt for os at lære noget. Jeg kan ikke tro, at hensigten med skrive-aktiviteten har været, at vi skulle dygtiggøre os i at skrive, for det var umuligt. Hensigten har nok snarere blot været, at vi skulle aktiveres lidt for at forebygge indlæggelse og at vi skulle vedligeholde de mest basale færdigheder.

Der skete også det, at Didriks kæreste Yrsa deltog i den samme skrive-aktivitet. Jeg afslog blot at besøge Didrik, som Yrsa ville have mig til, og umiddelbart var der ingen problemer i at mødes med hende. Så begyndte hun at fortælle om, at hun besøgte en okkult café i Hammer Bakker, som en af mine tidligere skolelærere fra Rudolf Steiner skolen nu drev. Yrsa og Didrik kendte godt til min traumatiske skoletid. Det kom til en ondsindet diskusion om min traumatiske skoletid, der rippede op i traumer hos mig, og hurtigt så jeg ingen grund til at deltage mere i den skrive-aktivitet. Med alt det, som jeg havde gjort for Didrik, synes jeg godt, at Yrsa kunne have vist mig den respekt at drikke sin kaffe et andet sted end hos nogen, der havde gjort mig fortræd, men det ville hun så ikke.

I tilbagemeldingen på min selvhjælpsbog havde forlaget rådet mig til at samarbejde med personer med erfaring i pædagogisk formidling, men forlaget havde også foreslået, at jeg holdte studiekredse på bofællesskaber og steder i socialpsykiatrien. Derfor endte det med, at Mette og jeg underviste i et lokale på institutionen i Nørresundby med udgangspunkt i nogle af øvelserne fra min bog. Pludselig stod jeg med de samme udfordringer, som underviseren fra psykiatriens skrive-aktivitet, som jeg kortvarigt havde deltaget i, havde haft.

Rollen som underviser faldt mig bestemt ikke naturlig og jeg tabte tråden flere gange, men Mette holdt det hele oppe og hun viste sig at være et naturtalent. Hurtigt fik Mette en naturlig autoritet i forhold til brugerne på vores lille kursus og brugerne begyndte at fortælle Mette om ting fra deres liv og søge støtte og bekræftelse hos hende. Vi kom dog ikke langt med tankerne fra min bog og vores kursus gik hurtigt i sig selv igen. Jeg opdagede dog igen, at Mette har mange skjulte talenter.

Mette og jeg var mest sammen i weekenderne fra fredag til søndag og vi havde det fantastisk, når vi var sammen. Når Mette tog hjem om søndagen, kom savnet efter hende dog, sorgen over mit liv og de triste og bitre følelser. Når Mette og jeg var sammen, fordrev vi mest tiden med små udflugter og gåture rundt omkring i byen, god mad, kærlighed og sjov med vores egen indforståede humor.

I KP deltog vi i kommunalvalget i 2017. Flere af mine partifæller stillede op som kandidater til valget og selv hjalp jeg til med praktiske ting i forbindelse med vores valgkamp. Jeg mærkede også kommunalvalget på en anden måde. Jeg modtog en SMS, som institutionen i Nørresundby havde sendt ud til alle sine brugere, hvori der stod, at vi skulle komme på institutionen, da der var fint besøg. Jeg mødte op på institutionen og det fine besøg var fra en borgerlig lokalpolitiker og erhvervsmand, som institutionen samarbejdede med. Vi brugere fik at vide, at vi alle skulle komme ind og sætte os i institutionens opholdsstue. Der overrakte lokalpolitikeren en check på 5000 kr. til institutionens leder, som efterfølgende holdte en tale for ham, hvori hun sagde, at vi alle var meget taknemmelige. Derefter tog lokalpolitikeren nogle billeder af os med sin mobiltelefon, som han efterfølgende lagde på sin Facebook profil. Så var der ellers et lille glas sodavand til os hver og et stykke chokolade.

Jeg følte, at jeg sammen med de andre brugere mod min vilje var blevet brugt til at reklamere for denne lokalpolitiker i valgkampen og hans politik kunne jeg ikke stå inde for. Jeg følte det også nedværdigende, at institutionens leder på vores vegne sagde, at vi var meget taknemmelige. Jeg mente jo, at velfærd og hjælp fra samfundet var min rettighed og ikke noget, som jeg skulle være taknemmelig for, og at jeg ikke skulle være nødt til at tage imod almisser.

Jeg skrev et foredrag om mit liv på trods af psykisk sygdom. Foredraget gav jeg titlen "Som humlebien", fordi humlebien flyver, selvom den videnskabelig set ikke burde kunne flyve, og jeg havde udrettet ting i mit liv, selvom psykiatrien i min ungdom havde ment, at disse ting var umulige for mig. Med Carls hjælp fik jeg lov til at holde mit foredrag i baptistkirken.

Jeg var meget nervøs, da jeg stod med en mikrofon i kirken og holdte mit foredrag og foredraget blev mest at jeg læste op og viste billeder på en skærm. Der var ca. kommet 25 fra kirken til foredraget og de gav mig bifald, da jeg var færdig. Derefter var der kaffe og kage og en lille sang. Selv oplevede jeg bare foredraget som angst, men min mor, far og Mette var glade og syntes, at foredraget havde været en succes.

Jeg spurgte institutionen i Nørresundby, om jeg måtte komme og holde samme foredrag hos dem, men det nægtede de mig.

5 år tidligere var jeg gået til lægen med et sår på næsen, som ikke ville hele. Lægen havde dengang sagt til mig, at jeg havde krattet mig i søvne og bare skulle sætte et plaster på. Nu, 5 år senere, havde jeg stadig det sår og jeg havde fået en ny læge og gik til lægen igen. Min nye læge henviste mig til en hudlæge, som jeg kom til sidst på samme år i 2017. Hudlægen konstaterede, at jeg havde kræft. Jeg fik taget en smertefuld biopsi på næsen og var til samtale på onkologisk afdeling på Sygehus Syd. Heldigvis havde jeg en fredelig form for hudkræft, der voksede meget langsomt. Jeg kunne se frem til strålebehandling på Sygehus Syd hver eneste dag i hele februar 2018. Hvis lægen havde opdaget, at mit sår var kræft, da jeg havde besøgt ham 5 år tidligere, kunne kræften lige være blevet fjernet med et snuptag. Nu havde kræften haft 5 år til at vokse i og jeg skulle igennem strålebehandlinger.

Det værste ved behandlingen af min hudkræft på næsen, var den daglige bustur frem og tilbage fra strålebehandlingerne på Sygehus Syd. Det stressede mig at skulle med den overfyldte bus hver dag i en måned på forskellige tidspunkter på de forskellige dage for at få stråler. Det skete dog også, at Carl kørte mig til sygehuset. Selve strålerne gjorde ikke ondt, men mit højre næsebor var et stort grimt sår med svie og jeg havde meget let til næseblod. Min stressbelastning med strålebehandlingerne gjorde, at min lunte var kort og jeg havde let til vrede.

Endelig var februar måned og dermed strålebehandlingerne forbi. Det blev fejret med, at min onkel og jeg spiste til aften hos Carl og Carls hustru, hvorefter vi alle tog til en Jazzkoncert på Center for Dansk Jazz historie i Aalborg.

Jeg var blevet introduceret til Jazz-centeret af en musik-interesseret partifælle og i årene fra 2017 til 2019 var jeg hyppig gæst til koncerter på Jazz centeret. Dengang kostede det kun 50 kr. at høre en koncert i Jazz centerets stemningsfulde og hyggelige lokaler, der også var et bibliotek med LP'er med Jazz musik.

Samtidig med, at jeg skulle igennem mine strålebehandlinger, havde Mette også en turbulent tid med alvorlig sygdom og dødsfald i sin nærmeste familie. Hun havde bedt Charlotte om forbøn for, at hendes kære måtte overleve. Dertil havde Charlotte svaret, at nu havde hun bedt til Gud og så måtte Gud gøre det, som han fandt bedst. Mette blev så også vred på Charlotte, fordi hun mente, at det kunne være Guds vilje, at mennesker skulle dø i en ung alder.

Mette kunne ikke rumme min sygdom og stress oveni sin egen sorg og krise og en dag, hvor vi snakkede i telefon, gjorde Mette det forbi mellem os. Vi blev dog hurtigt enige om at holde kontakten og enden på det hele blev, at vi hurtigt sås ugentligt, som vi plejede, men blot var overgået fra at være kærester til at være bedste venner.

Da Mette forlod mig i 2018, tog jeg en beslutning. Jeg sagde "Nej tak" til psykiatrien og meddelte min socialrådgiver, at jeg ikke længere ønskede at være tilknyttet socialpsykiatrien. Hospitalspsykiatrien havde jeg tidligere afbrudt kontakten med. Denne beslutning skyldtes to ting. Den første ting var, at jeg endelig handlede på min erkendelse af, at psykiatrien havde spillet en dårlig rolle for mig gennem hele mit liv og gjort skade i stedet for gavn. Den anden ting var, at ingen i psykiatrien skulle have den glæde at være vidne til det nederlag, som det var for mig, at Mette havde forladt mig.

Hurtigt efter, at jeg havde forladt psykiatrien, oplevede jeg, at jeg havde bedre tid til mig selv, fordi jeg ikke længere skulle bruge tid på alle psykiatriens meningsløse ting. Jeg oplevede også, at jeg begyndte at nå en række af mine mål, fordi jeg havde mere tid og overskud og fordi psykiatrien ikke var der til at forsøge at bremse mig og stikke en kæp i hjulet på mig. Min sorg og bitterhed over mit liv havde jeg dog stadig.

Nadar viste en formidabel evne til at overleve og klare sig. Han havde fået en kæreste, der også var iransk flygtning, og han var begyndt at have kontakt med vores partifælle Tove i stedet for mig. Tove, der var en ældre kvinde, havde nemlig mulighed for at betale ham lidt for rengøring af sit hjem og havearbejde i sin have og hun var også i stand til at hjælpe ham med myndighederne og skaffe ham et job.

En aften sad Birger og jeg og snakkede om, hvor godt Nadar havde klaret sig. Birger havde selv et fleksjob på et plejehjem, en studiegæld for sine forgæves forsøg på at trodse sin psykiske sygdom og læse til SSA og en stor varmeregning. Han følte, at han ligesom Nadar kunne bruge lidt hjælp til at tjene nogle flere penge, og derfor foreslog jeg ham, at vi hægtede os på Tove. Dog anede jeg ikke, hvordan vi skulle hægte os på hende, men til sidst fandt jeg dog på, at hun gav os og Carl privatundervisning i Russisk i sit hjem og de andre var med på ideen. Jeg tænkte, at om ikke andet ville det være godt at komme på skolebænken igen, lære lidt og se, hvad det ellers kastede af sig at få foden indenfor hos hende. Hun havde et langt liv i den kommunistiske bevægelse bag sig, hun havde også boet og arbejdet i Moskva og hun talte flydende russisk.

Det endte med, at Birger, Carl og jeg ugentligt betalte hende 130 kr. for russisk undervisning og aftensmad, hvilket vel var en fair pris. Så var der også en hel aften mad russisk undervisning fra en erfaren underviser, hygge og spisning.

Det lykkedes dog ikke Birger at udnytte sin kontakt med hende til at forbedre sin tilværelse og hurtigt mistede han også interessen for at lære russisk og meldte sig ud af holdet. Carl og jeg hyggede os med undervisningen, men faktisk mest med maden og hyggen, og vi fortsatte undervisningen i de næste tre år. Da undervisningen begyndte havde Tove været meget reel og realistisk omkring at fortælle os, hvor lidt russisk vi ville lære og hvor lidt, vi ville kunne bruge det til, men det var fint med os. For at tale flydende russisk krævedes daglig undervisning på en uddannelse gennem flere år. Med de russisk færdigheder, som vi ville tilegne os, ville vi kunne begå os på en rejse i Rusland, læse vejskilte, læse et menukort på en restaurant, handle i butikker osv. Vi havde dog slet ingen planer om tage på ferie til Rusland, men jeg fik da en forståelse for det russiske sprog, blev i stand til at genkende og forstå enkelte russiske ord i tale og på skrift, at se på de russiske ord, hvordan de udtaltes, og da krigen i Ukraine og de ukrainske flygtninge senere kom, blev jeg ligeledes i stand til at veksle nogle ord på russisk med de ukrainske flygtninge, som jeg kom til at møde.

I 2018 stoppede jeg med at ryge og jeg har ikke røget siden. Jeg havde ikke troet, at det ville være muligt for mig at lægge cigaretterne på hylden, men pludselig havde jeg også nået dette mål og var røgfri.

En dag, hvor Mette og jeg gik en tur i Nørresundby, og jeg skulle til at ryge en cigaret, gav Mette mig en Nicorette Nikotinspray, som hun havde købt, og sagde, at jeg skulle bruge den i stedet for cigaretter. Det gjorde jeg så. I 2022 stoppede jeg så også med nikotinsprayen og var helt ude af nikotinerstatning.

Jeg tror, at det lige var i sidste øjeblik, at jeg stoppede med at ryge, for nogle af advarselstegnene var kommet. Morgenhoste, jeg hev efter vejret, når jeg stod op og når jeg skulle sove, og der kom larmende lyde fra min vejrtrækning, når jeg skulle sove. Jeg havde flere forgæves forsøg på rygestop bag mig, men i 2018 lykkedes det altså. Jeg havde også i 2017 været ved en hypnotisør for at blive røgfri, men i følge lovgivningen måtte hun ikke hypnotisere mig pga. min skizofreni diagnose. Jeg spurgte hende efter, hvad der ville ske, hvis hun hypnotiserede mig alligevel, og hun svarede, at sandsynligvis ville der kun ske det, der var tilsigtet, men man havde ingen viden på området. Hun tilbød så at sætte mig i en afslappet tilstand og motivere mig til rygestop, der ikke var hypnose, og det takkede jeg ja til. Jeg skulle sidde i en lænestop og høre på hendes stemme, men dog måtte jeg ikke lukke øjnene, da jeg så ville blive hypnotiseret. Det var meget behageligt og jeg prøvede et par gange at snyde hende ved at lukke øjnene, men det opdagede hun dog, og så bad hun mig åbne øjnene igen.

Da jeg var stoppet med at ryge i 2018, sagde jeg farvel til antabus efter 4 år med antabus og begyndte at drikke igen. Jeg mente, at jeg godt kunne styre mit alkoholforbrug og nu, hvor Mette havde forladt mig, ville jeg have en øl engang imellem.

Det var lidt dramatisk, da jeg ville have den første øl efter 4 år med antabus. Jeg var nemlig usikker på, om antabussen var helt ude af kroppen, så jeg havde fået Johnny til at stå klar med sin mobiltelefon for at ringe til lægevagten, hvis jeg fik det dårligt, når jeg tog en slurk øl. Jeg tog så en lille slurk øl og da der ikke skete noget, havde jeg hurtigt drukket seks øl.

I de følgende år prøvede jeg på at have et fornuftigt alkoholforbrug, men hurtigt fik jeg et lille overforbrug af varierende omfang. Som regel havde jeg to ædru dage og drak seks øl den tredje dag, men nogen gange drak jeg også ti øl. Jeg drak dog, når jeg var alene, jeg drak af kedsomhed og jeg drak på mine følelser, men jeg drak ikke mere end, at jeg kunne fungere i hverdagen. Til sidst endte jeg dog med at få et negativt syn på mit alkoholforbrug og det fik mig til at skrive dette digt i 2020:

Dage uden lys, hvor nat tager nat
Det kradser og river, men jeg kan ikke tage fat
for i flasken er en verden så ny og sær
Jeg drikker og jeg er intet værd

Bjerge foran mig, der ikke kan bestiges
Alt for meget, har jeg for mig selv fortiet
for i flasken er en verden så ny og sær
Jeg drikker og jeg er intet værd

Jeg danser jo kind mod egen kind
Skruen er løs, det er gået over gevind
for i flasken er en verden så ny og sær
Jeg drikker og jeg er intet værd

En øl med i kisten, så er den skid slået
hvad ville jeg, hvilke veje har jeg gået?
men i Himlen er en verden så ny og sær
hvor vi drikker og er noget værd

I 2018 var der kommet et nyt medlem af min partiafdeling. En ung mand fra Esbjerg, der hed Marc Sanganee og læste Internationale Studier på Aalborg Universitet. Han var meget social, han "var med på den værste" og han og jeg blev hurtigt venner. Aldersforskellen betød ikke noget. Han boede i en lille lejlighed med sin kæreste, men når der blev for trangt for ham i lejligheden, skete det, at han besøgte mig. Det skete også, at vi tog ud og spise sammen. Han var en habil rapper og hurtigt blev jeg fan af ham og fast inventar til hans koncerter. Jeg var til koncert med ham på Studenterhuset, Skråen, i et øvelokale på Nordkraft og en udendørs koncert på Gammel Torv. Jeg havde jo mit videokamera og han var glad for, at jeg filmede hans koncerter og gav ham optagelserne. Til koncerten på Skråen fik jeg et par gratis fadøl, fordi jeg havde været fotograf. Hans musik lød fantastisk, han havde virkelig talent og skrev gode, eftertænksomme og politiske tekster. Det var dejligt at have en ven som ham, der var lyttende, men også havde musikken at give mig.

Jeg blev så inspireret af ham, så jeg selv forsøgte mig med at skrive et par rap tekster og han sendte noget underlægningsmusik til mig, som jeg kunne øve mig i at rappe til. Det stod dog hurtigt klart, at jeg ikke var så musikalsk og ikke havde min stemme med mig, så han sagde, at min genre nok skulle være *poetry slam*. Han syntes dog, at jeg var sluppet godt fra mit allerførste forsøg på at skrive en rap:

Idealer i reklamer. Man skal arbejde og blive rig.

Jeg brugte al min tid på at passe ind i det maskineri.

Jeg prøvede at læse, selvom jeg var førtidspensioneret.

Jeg kæmpede en hård kamp for at blive accepteret.

Det blev ene nederlag og jeg er stadig ekskluderet.

Jeg satte andres tanker højest og ikke mine egne.

Jeg ville ses som god nok, men jeg kom aldrig nogen vegne.

Jeg kunne have gjort så meget andet.

Brugt min tid på dem, som jeg kan li'.

Nu indser jeg:

Det er normen, der er noget svineri.

Som et sindssygt flokdyr

Vil vi løbe rundt i trædemøllen

Skabe overskud til de rige

Og give de svage en med køllen!

Vi vil producere og forbruge

Så forureningen tager fart.

Snart er der ikke mere lys og luft.

Nej, det bliver ikke rart.

Det vigtigste i livet er da at ha det godt med hinanden.

Men vi er kommet langt ud! Vi er gået fra forstanden!

Vi vil alle være noget. Vi vil alle passe ind.

Men vi er fanget i et mønster,

Marc rappede også for min familie og venner til min 39 års fødselsdag og selv min mor, far og faster, der var oppe i årene, kunne lide hans musik. Desværre flyttede han efter et par år til København, hvor han havde fået job, og det var et stort tab for mig. Vores venskab blev aldrig det samme igen og vi udviklede os i hver sin retning. Han endte som ansvarshavende redaktør på KP's avis, Dagbladet Arbejderen, og han og hans kæreste blev forældre.

I 2018 engagerede jeg mig i foreningen Asylforum, der havde til huse i Socialisternes hus. Om fredagen, når Asylforum var i kælderen i Socialisternes hus, kunne flygtninge komme og få hjælp og vejledning i forhold til de danske myndigheder og lovgivning, få gratis aftensmad, hygge og et spil kort og flygtningebørnene kunne lege og se film. For det meste satte jeg kaffe over og snakkede lidt med flygtningene. De fleste af flygtningene kom fra Eritrea, men der var også enkelte flygtninge fra Mellemøsten.

Jeg fik lidt kontakt med en venlig ung mand fra Eritrea, som besøgte mig et par gange og mødte mine danske venner. Jeg havde ham også med i baptistkirken. Det kunne han godt lide, for i Eritrea var de fleste ortodokse kristne. Jeg havde ham også med til Vikinge-pladsen på Lindholm Høje, så han kunne lære lidt om Dansk kultur og historie, og det interesserede ham også. Da jeg forsøgte mig med at undervise i dansk i Asylforum, var det ham, der reddede min undervisning og holdt det hele oppe, og uden ham var min undervisning blevet en større fiasko. Jeg havde taget den letlæselige børnebog "Oliver Twist" med til min undervisning, da jeg tænkte, at flygtningene kunne læse lidt op fra bogen og at de kunne relatere til den barske historie om den fattige dreng Oliver. Flygtningene forstod dog ikke, hvad de skulle stille op med bogen, og uden min ven fra Eritrea, som forklarede dem om mine planer og læste lidt op, var det aldrig gået. Han flyttede dog til en anden by, hvor han havde fået arbejde, så mit venskab med ham gled også ud.

Jeg skrev en fin artikel om Asylforum til baptistkirkens kirkeblad og dermed håber jeg da, at jeg kunne skabe lidt forståelse i kirken for, at der i Danmark findes flygtninge, som har det meget svært, men yder en kraftpræstation for at tilpasse sig og klare sig, og at ingen "flygter for sjov".

I Asylforum blev jeg på eget initiativ tilset af en flygtning, der var læge. Han mente ikke, at jeg fejlede noget alvorligt og han mente, at jeg bare skulle gå i gang med at lave det, som jeg nu havde lyst til. Han havde et andet syn på mig end de psykiatere, som jeg havde talt med i tidens løb.

2018 og 2019 blev to år, hvor jeg havde travlt med aktiviteter hver dag og faktisk lavede så meget, så jeg blev stresset og fik det dårligt indimellem. Hver dag i ugen var booket op for mig. Jeg blev undervist i russisk, jeg havde min boksning i bokseklubben, jeg havde kirken, jeg havde Asylforum, jeg havde KP, jeg havde koncerterne på Jazz-centret, jeg havde Mette, min familie, Marc, Birger og mine andre venner. Jeg var en del sammen med især Birger og min familie tog ham til sig og han var med os i sommerhus og med min onkel og jeg på flere udflugter.

Jeg havde det dog dårligt over, at jeg ikke var på arbejdsmarkedet, ligesom mine raske venner, så gennem 2019 sad jeg dagligt og kiggede på JobNet og søgte de ordinære jobs, som jeg havde lyst til og følte mig kvalificeret til. Endelig sidst på året i 2019 fik jeg et ordinært honorarlønnet job som Mystery Shopper.

Som Mystery Shopper skulle jeg opsøge forskellige butikker, spille rollen som en almindelig kunde og gøre mig observationer om butikken, som jeg efterfølgende rapporterede tilbage til min arbejdsgiver. Derved fik butikkernes ejere en vished for, at alt var, som det skulle være, i deres butik. Nogle gange skulle jeg levere dokumentation for mine observationer i form af fotos eller boner og ofte skulle jeg også tale med de ansatte i butikkerne og gøre mig bestemte iagtagelser under samtalen. Jobbet var udfordrende, da der var meget, jeg skulle huske på og planlægge ved de forskellige opgaver.

Jeg fik udbetalt et honorar for hver opgave, jeg løste for jobbet, men det kunne ikke udgøre et forsørgelsesgrundlag. Det var dog noget helt andet end de jobs på særlige vilkår, som jeg havde set i psykiatrien, hvor jobbet mest tjente et terapeutisk formål og brugerne snarere blev arbejdet med end selv at arbejde. Jeg var stolt over, at jeg nu fik lønsedler og min årsopgørelse så lidt anderledes ud.

Det var blevet en vane, at jeg ringede til min far, når jeg gik hjem fra min boksetræning, og fortalte ham, hvordan træningen var gået. En aften i 2019 efter boksetræning ringede jeg så til min far og vi snakkede lidt. Jeg nævnte for ham, at jeg havde set en avisoverskrift om en mærkelig ny virus, der var blevet opdaget i Kina, og jeg frygtede, at virussen ville komme til Danmark. Han beroligede mig med, at det var helt urealistisk, at virussen ville sprede sig uden for Kina. Han tog fejl. Virussen blev kendt som COVID-19 pandemien og den lagde verden i knæ. Den næste tid skulle vi i Danmark stifte bekendtskab med

COVID-19 test, mundbind, håndsprit og isolation, mens vi ventede på en vaccine.

Hurtigt hørte jeg, at to ældre personer fra baptistkirken var døde af COVID-19 og jeg blev meget angst for at miste mine kære forældre, da ældre mennesker var særligt i risikogruppen. Det værste for mig ved pandemien var angsten for at miste mine forældre. Jeg tænkte, at det ville være en stor sejr for mine forældre og jeg, hvis vi overlevede pandemien, men jeg var usikker på, om vi ville nå dette mål. Vi tog dog vores forholdsregler, var ansvarlige og også heldige og vi nåede målet.

Under pandemien holdte jeg mig meget alene i mit hjem og var meget påpasselig med at undgå smitterisiko for at undgå at give smitten videre til mine forældre. I mit hjem fik jeg tiden til at gå ved at begynde at skrive en hyggelig bog med min viden og oplevelser omkring Nørresundby. Det var meningen, at jeg ville have solgt bogen i baptistkirken, hvor også andre satte deres hjemmelavede ting til salg, men jeg blev aldrig færdig med bogen og fik kun skrevet de to første kapitler. De eneste mennesker, jeg omgikkes, når smittetrykket var værst, var min mor og far og Tove og Carl til russisk undervisningen. De var alle ældre og dermed ligesom jeg ekstra påpasselige med at undgå smitterisiko.

Min far brød sig ikke om isolationen, men så fandt jeg på, at vi kunne cykle nogle ture sammen. Det gav os begge en stor fornøjelse og vi cyklede ugentligt lange ture. I den friske luft var smitterisikoen også mindre.

Kun én gang løb jeg en unødvendig smitterisiko og det var, da jeg deltog i en "Black Life Matters" demonstration i protest mod politiets drab på en uskyldig sort mand i USA. Min far opmuntrede mig til at deltage i demonstrationen, da han mente, at det ville være godt for mig at opleve lidt. Efter demonstrationen blev jeg testet for COVID-19 og jeg var ikke smittet. Faktisk var alle de test, jeg tog under pandemien, negative, så jeg tror, at jeg undgik at få COVID-19.

Smittetrykket gik lidt op og ned, indtil vaccinen kom, og når det var forsvarligt, deltog jeg i aktiviteter i kirken og i KP. I kirken var der kommet en ny præst. Modsat den forrige præst ville han gerne døbe mig. Tankerne om religion fyldte dog meget lidt hos mig og jeg kom hovedsageligt i kirken for hyggens og musikkens skyld og for at vise mit værd ved at deltage i kirkens arbejde.

Det kom også til uvenskab mellem den nye præst og mig. Han mente nemlig som den forrige præst, at jeg skulle tilgive de utilgivelige ting, som jeg var blevet udsat for gennem mit liv, og at de, der havde gjort mig ondt, skulle være velkomne i kirken, hvis de dukkede op. Det kom til hidsige og indædte diskussioner mellem den nye præst og mig, om hvorvidt jeg skulle tilgive eller ej. Min lunte var også kort og jeg var stresset af pandemien. Jeg ønskede forståelse fra præsten og at han skulle tage mit parti i stedet for at forsvare de, der havde gjort mig ondt gennem mit liv, men det ville han ikke. På et tidspunkt satte jeg i min vrede spørgsmålstegn ved hans berettigelse som præst. Han sagde så, at jeg kunne prøve, om jeg ligesom ham kunne lave et oplæg til et foredrag med titlen "Når livet gør ondt". Derved ville han jo sige, at det var ham og ikke mig, der havde evnerne som præst. Dog gik jeg ligesom ham i gang med at lave dette oplæg og da han holdte foredrag ud fra sit oplæg, fik jeg mit oplæg trykt i kirkebladet, da mit oplæg faktisk var ganske udmærket. Da han så, at mit oplæg var kommet i kirkebladet, havde han ikke noget svar til mig.

I dag har jeg det meget dårligt over alt den vrede, som jeg smed i hovedet af den nye præst, for senere fandt jeg ud af, at han faktisk havde det meget svært, hvilket jeg ikke var klar over på daværende tidspunkt. Han havde nogle personlige problemer, som han lige fra sin ansættelse forsøgte at skjule, og da det til sidst kom frem, blev han fritstillet som præst. Han havde fortjent bedre end mit raseri og pandemien var en svær tid for os alle.

Midt i tiden med pandemien, kom der et lyspunkt for mig. Min bekendte fra Socialisternes hus Alfred, der i sin fritid var en habil fotograf og også kunne sælge sine fotos, viste mig lidt omsorg. Han tog mig med på nogle lange køreturer, hvor vi begge fotograferede og han lærte fra sig om fotografering. Jeg så sådan på det, at jeg havde fortjent denne adspredelse, for samtidig var der en masse fremme i medierne om, hvor svært psykisk syge havde det under pandemien og at de skulle have alverdens ting. Selv klarede jeg mig fint uden psykiatrien, men jeg syntes da også, at jeg havde fortjent et eller andet, og jeg fik så også udflugterne med fotografering, selvom Alfred ikke havde tiltænkt dem som en trøstepræmie til mig.

Alfred viste sig at være et fantastisk menneske, det lykkedes mig at lære lidt om foto på vores udflugter og på udflugterne, der varede flere timer, blev jeg kørt helt træt, men jeg så også en hel del af Nordjylland.

Jeg fortsatte ud af sporet med foto og gennem formanden for min lokalafdeling af KP fik jeg nogle opgaver som fotograf for Dagbladet Arbejderen. Ved flere lejligheder var jeg på pletten med mit kamera, når der skete noget i Aalborg, som skulle i avisen. Bl.a. fotograferede jeg ved Regionshuset i Aalborg Øst, da sygeplejerskerne strejkede og demonstrerede for højere løn. Jeg fotograferede også nogle portrætter af ledende folk i 3F til Dagbladet Arbejderens arkiv og andre ting. Marc, der var flyttet til København, fortalte mig, at de på Dagbladet Arbejderens redaktion havde en mappe med mit navn med mine fotos. Når et af mine fotos kom i avisen, blev jeg også angivet som fotograf med navn under fotoet.

En af Nadars iranske venner inviterede mig med i en international Facebook gruppe for fotografer. Der lagde jeg nogle af mine fotos op og flere af mine fotos blev præmieret som ugens bedste foto. Gennem denne Facebook gruppe fik jeg kontakt med en jævnaldrende kvindelig amatørfotograf i Bangladesh, der hed Nova. Vi kom næsten til at skrive sammen dagligt gennem årene med pandemien. Hun insisterede på, at vi skulle kalde hinanden Didi og Dada, som skulle betyde bror og søster på bengali. Hun var muslim og bekymrede sig for, om jeg kunne blive frelst, når jeg ikke var muslim. For at gøre hende glad, gik jeg en dag ned til den lokale boghandel for at købe Koranen, men boghandleren havde ikke Koranen. For mig var det lige meget, om jeg udadtil var muslim, kristen eller noget andet, for baptistkirken havde fået mig til at miste den smule tro, jeg havde haft. Jeg brød mig bestemt heller ikke om den hetz, der var mod muslimer i Danmark, så også i solidaritet med muslimerne i Danmark gik jeg med på Novas ide om, at jeg skulle læse i koranen.

Nova havde sclerose, boede hjemme hos sine gamle forældre, der plejede og forsørgede hende, men Islam og troen på, at hun havde noget godt i vente i det næste liv, holdt hende oppe.

Bangladesh er et udviklingsland i økonomisk vækst, men uden nogen form for socialt sikkerhedsnet. Novas familie var velstillet og hun havde en mobiltelefon, så hun kunne gå på internettet. Hendes far havde tidligere taget hende med til Indien, hvor lægerne var dygtigere, i håb om, at der kunne gøres noget ved hendes sclerose, men hun var hårdt plaget af sygdommen, der bl.a. også havde sat sig på hendes syn og førlighed. Før hun blev syg, var hun blevet uddannet i en bank og havde haft foto som hobby.

Jeg var meget ked af, at jeg overhovedet ikke havde mulighed for at hjælpe hende på nogen som helst måde. Jeg undersøgte, om man kunne sende gaver fra Danmark til Bangladesh. Det kunne man godt, men hun ville ikke tage imod gaver fra mig. De problemer, vi havde med at kommunikere på engelsk, var en anden kilde til frustration.

I den periode, hvor jeg havde kontakt med hende, fik hun det dårligere, hendes mor døde, hun blev næsten blind og til sidst stoppede hun med at skrive. Hun var et helt fantastisk menneske med en fantastisk og stærk personlighed. Faktisk var det mest hende, der lyttede til mig og trøstede mig, selvom hun på alle områder havde det langt værre end mig. Tabet af Mette, et halvt liv med skuffelser, bristede drømme, traumer i bagagen og en længsel efter at leve et helt andet liv, havde givet mig en stor vrede, bitterhed, sorg og længsel, som hun kunne rumme. Selv kunne hun på beundringsværdig vis holde humøret højt. Kun når jeg kom til at undskylde overfor hende eller give udtryk for, at det var synd for hende, blev hun vred, for hun ville ikke ses som et offer, men som den stærke person, hun var. Hun har min allerstørste respekt.

En enkelt gang talte vi sammen over en videoforbindelse. Det gjorde stort indtryk på mig at høre hendes spinkle stemme og hendes familie i baggrunden. Hun var glad for sine forældre og hun var glad for sine onkler, tanter, søskende, nevøer og niecer, som boede i en anden by. Hendes store hjerte rakte også til at fodre de vilde katte udenfor familiens hus. For mig var det interessant at se på fotos, at kattene i Bangladesh så anderledes ud end de katte, jeg kendte fra Danmark. Kattene i Bangladesh var større, spinklere og rødere i pelsen.

Set i bakspejlet fortryder jeg, at jeg ikke var mere fokuseret på at lytte til Nova og gøre hende glad, men nok mest læssede mine egne problemer af på hende. Det kunne jeg ikke være bekendt, når hun havde det så dårligt. Dog tror og håber jeg, at hun oplevede det som en positiv ting at lære mig at kende.

Jeg betalte for at få de bedste af mine fotos indrammet og jeg fik lov til at udstillede dem i baptistkirken, hvor skiftende kunstnere udstillede deres værker. Desværre ville ingen købe mine fotos. Jeg spurgte så institutionen i Nørresundby, om jeg måtte udstille mine fotos på institutionen ligesom andre af brugerne havde udstillet deres ting. Det måtte jeg ikke, da jeg ikke længere var bruger af institutionen. At jeg tidligere havde været bruger af institutionen i 15 år, formildede dem ikke.

Udover at fotografere for Dagbladet Arbejderen var jeg også blevet administrator for Facebooksiden for min lokalafdeling af KP. I 2020 tog jeg en video, mens mine partifæller demonstrerede foran nogle butikskæder, som sendte deres penge i skattely. Min video lagde jeg på vores Facebookside og videoen fik hurtigt over 1000 visninger, hvilket er ret flot i forhold til, at vores Facebookside ikke tidligere fik mange besøg. Jeg tror, at det var en god strategi, at vi nedlagde vores "hjemmelavede" intranet og gik over til at bruge de sociale medier.

Jeg var den første, der opdagede en henvendelse til vores Facebookside fra en ung mand i Irak. Han var blevet smidt ud af sin ungdomsuddannelse og blev forfulgt af væbnede grupper, fordi han var homoseksuel. Hans familie turde af samme grund ikke have kontakt med ham og han var afhængig af sine venner.

For ham var hver dag en kamp for overlevelse. Han var socialist og bad om vores hjælp. Jeg fik til opgave at følge op på hans henvendelse. Derfor kontaktede jeg Dansk Flygtningehjælp, Red Barnet og en række andre organisationer. Jeg fik det samme svar alle steder: at der intet var at stille op. Selvom den unge mand var forfulgt og i livsfare og kontaktede den danske ambassade i Bagdad og søgte asyl, ville han nemlig ikke kunne få asyl i Danmark pga. vores stramme lovgivning. Dernæst kontaktede jeg enkeltpersoner med viden eller indflydelse på området, men de kunne heller ikke hjælpe. Jeg tænkte, at det eneste, jeg kunne gøre, var at blive Facebookven med den unge mand og holde kontakten med ham, og det gjorde jeg så.

Vi havde kontakt gennem et par år, han var meget velbegavet og jeg tror, at han endte med at redde livet og få en tilværelse et andet sted. Ligesom med Nova, kom jeg dog i et par tilfælde, hvor der også var alkohol indblandet, til at læsse mine egne problemer af på ham. Efterfølgende undskyldte jeg overfor ham, men han tog det med et "smil" og et par kloge ord om livet. Jeg håber, at han en dag banker på min dør, men sandsynligvis har jeg blot været en mindre vigtig person i hans liv, som han ikke husker.

På nettet så jeg, at Researchkollektivet Redox søgte fotografer til i skjul at fotografere og afsløre højreradikale. Fotos af personer til højreradikale demonstrationer og møder var en vigtig brik i Redox arbejde med at analysere og afsløre de højreradikale bevægelser i Danmark. Jobbet var ulønnet, men jeg søgte jobbet. I min ansøgning var jeg ærlig omkring, at jeg var førtidspensionist og havde nogle udfordringer. Jeg fik dog vendt min pensionisttilværelse til noget positivt, nemlig at jeg var fleksibel og kunne fotografere på alle tider af døgnet, da jeg ikke var på arbejde. Jeg fik jobbet. Først fik jeg tilsendt en mail med nogle anvisninger i, hvordan man bedst fotograferede højreradikale demonstrationer og møder i skjul, samt en vurdering af den reelle risiko, der var forbundet med jobbet. Det var sjældent, at de højreradikale greb til vold mod os fotografer, men vi risikerede at blive hængt ud på højreradikale hjemmesider. Dernæst skulle jeg have en telefonsamtale med en person fra Redox. Da jeg valgte ikke at bruge en særlig app til krypteret kommunikation, fordi det umiddelbart virkede for indviklet, foregik min kommunikation med Redox bare via almindelig telefon, SMS og mail. Telefonsamtalen gik godt.

Kort efter, at jeg var blevet antaget som fotograf, blev jeg bedt om at fotografere en højreradikal demonstration i Aalborg. Dagen før demonstrationen tog jeg ind til pladsen, hvor demonstrationen skulle foregå, for at finde steder, hvor jeg kunne stå i skjul og fotografere. Jeg kunne dog ikke finde nogen skjulesteder. Jeg bad min nye ven Alfred om at hjælpe mig med at fotografere og det ville han gerne. Da vi skulle fotografere demonstrationen, havde han dog ikke forstået, at vi skulle fotografere i ubemærkethed. Mens han tog billeder, begyndte han en indædt diskussion med de højreradikale. Senere begyndte han også at diskutere med nogle politibetjente, fordi han ikke mente, at politiet skulle bruge ressourcer på en højreradikal demonstration. Politiet greb situationen fornuftigt an. I stedet for at optrappe situationen gik de bare væk fra Alfred og lod ham stå og fotografere. Selv prøvede jeg at dæmpe Alfred, der var blevet meget vred ved synet af de højreradikale, ned. Ellers gik jeg bare rundt og tog billeder. En højreradikal spurgte mig efter, hvilket medie, jeg fotograferede for, og jeg svarede, at jeg bare gik og fotograferede det, der skete i byen. Redox var tilfreds med vores fotos. Jeg fik et angstanfald, da jeg kom hjem, som jeg tacklede ved at drikke seks øl. Dog var jeg meget stolt af mig selv, fordi jeg havde løst denne lidt farefulde opgave for Redox.

Senere var der en ny opgave til mig fra Redox. Jeg skulle fotografere nogle andre højreradikale, som delte løbesedler ud i Brønderslev. Alfred og jeg tog så til Brønderslev og stod og fotograferede de højreradikale. Igen begyndte Alfred at indlede et indædt skænderi med de højreradikale. De virkede lidt bange for ham og jeg frygtede, at de ville tilkalde politiet eller at situationen ville udvikle sig, så jeg prøvede at være venlig overfor de højreradikale og det virkede også til at berolige dem. Bl.a. fortalte jeg dem, at vi bare var taget på en tur til Brønderslev for at se noget andet. Igen var Redox tilfreds med vores fotos og denne gang fik jeg ikke angst, men var bare stolt af mig selv.

Kort efter, at jeg havde set avisoverskrifter om det nynazistiske hærværk mod den jødiske kirkegård i Aalborg, blev jeg ringet op af Redox, mens jeg var ude og handle. De ville have mig til at skynde mig ind til byretten i Aalborg, hvor den nynazistiske hærværksmand skulle fremstilles i grundlovsforhør en halv time senere. Jeg skulle så stille mig op sammen med journalisterne fra de forskellige medier og få navnet på hærværksmanden til Redox. Det magtede jeg dog ikke, men jeg ringede rundt og forsøgte at få andre til at tage opgaven for mig.

Gennem tiden var der også flere andre opgaver for Redox, som jeg ikke magtede og måtte takke nej til.

En mindre stressende opgave for Redox, som jeg hyppigt løste, var at fotografere de klistermærker, som de højreradikale satte op i byen for at reklamere for sig selv.

I 2021 var der kommunalvalg og regionsrådsvalg og jeg opstillede til valgene for Kommunistisk Parti. Jeg havde god opbakning fra mine partifæller og mit navn fik en fin placering på vores liste. Til regionsrådsvalget fik jeg 28 stemmer og til kommunalvalget fik jeg 7 stemmer og jeg var langt fra den af vores kandidater, som fik færrest stemmer.

Vi vidste godt, at vi hverken ville blive valgt ind i byrådet eller regionsrådet og vi stillede udelukkende op til valgene for at komme frem med vores budskaber i medierne og gøre opmærksom på os selv. Vi havde den konkrete målsætning, at vores anstrengelser med valgkampen skulle ende ud i, at vi fik nye medlemmer til vores partiafdeling og vi fik da også 5 nye medlemmer.

Jeg udfyldte skemaer med spørgsmål for Altinget og TV2, så man kunne finde mig i deres valgtest på nettet, hvor man kunne sammenligne sine egne holdninger med kandidaternes holdninger. Udover de mange møder, som min partiafdeling holdte, deltog jeg også i et offentligt vælgermøde sammen med to andre af vores kandidater og kandidater fra andre partier. Vælgermødet var meget uformelt og vi sad rundt omkring ved små borde og snakkede med borgerne, mens vi spiste aftensmad. Jeg var skrækkelig nervøs, men jeg vælger at se det som en succes, at jeg trods alt fik sagt lidt og var med i samtalen nogle gange. Der blev taget et valg-foto af mig og jeg blev nævnt i Dagbladet Arbejderen et par gange.

Jeg henvendte mig til institutionen i Nørresundby og spurgte, om jeg måtte komme forbi og donere 5000 kr og tage et par billeder, ligesom den borgerlige politiker og erhvervsmand havde gjort ved forrige kommunalvalg. Det måtte jeg ikke. Jeg måtte heller ikke komme til institutionen og uddele KP's løbesedler til valgkampen eller lave andet på institutionen i forbindelse med valget.

Jeg havde lavet en film om mit liv, som jeg fik lov til at vise i baptistkirken i forbindelse med valget. Filmen havde jeg lavet ved at sammensætte mine mange fotos og videooptagelser, som jeg havde taget gennem mit liv. Institutionen i Nørresundby nægtede mig at komme og vise filmen.

To psykiatriske sygeplejersker, som havde arbejdet med mig under min første indlæggelse i min tidlige ungdom, skrev jeg til privat, og jeg inviterede dem til at komme og se filmen om mit liv i baptistkirken og jeg foreslog, at de stemte på mig til valget. Under indlæggelsen i min ungdom havde de taget alt håb fra mig og forudsagt, at jeg skulle bo på psykiatrisk institution og leve i psykiatrien i stedet for at få et rigtigt liv, og nu ville jeg vise dem, at jeg havde trodset deres negative spådomme og var blevet til noget. Den ene psykiatriske sygeplejerske svarede mig dog ikke og den anden psykiatriske sygeplejerske sendte mig en højest besynderlig lydoptagelse på messenger af lyden af noget snak, vrøvl og nonsens. Hvad hun ville sige ved at sende mig denne mærkelige lydoptagelse, aner jeg ikke.

Jeg inviterede også hele socialpsykiatrien med brugere og personale til at komme og se min film i baptistkirken, men ingen kom og ingen svarede mig. Til filmforevisningen sad der i kirken bare 6-7 fra menigheden, som var mødt op, og en enkelt af mine venner. Min film gik godt igennem på kirkens lydanlæg og skærm. Efter filmen bad et medlem af menigheden mig om, at jeg stillede mig op foran forsamlingen, så hun kunne stille mig nogle spørgsmål. Hun sagde endda til mig, at jeg skulle stå, så jeg kunne se på hende, når hun talte til mig. Udover at komme i menigheden havde hun arbejdet i psykiatrien, flere ting i min film kunne hun ikke lide at høre og nu skulle jeg så stå til regnskab, udstilles og krydsforhøres foran de forsamlede. Til sidst sagde min ven mange positive ting til mig om min film. Min filmvisning gav mig ikke den forventede anderkendelse og var lidt en skuffelse.

Jeg fik brev i min e-boks, hvor jeg og en ledsager sammen med alle de andre kandidater og deres ledsagere blev indbudt af borgmesteren til at følge valgkampen på storskærm i Aalborg hallen, mens der var fri bar og snacks på kommunens regning. Det var dog helt umuligt for mig at finde en ledsager til at tage med mig til borgmesterens arrangement i Aalborg hallen. Jeg forhørte mig også i psykiatrien, men der var ingen af mine tidligere bekendte der, der ønskede at ledsage mig.

På valgaftenen ville jeg have holdt en valgfest i mit hjem, men det var kun ganske få, der havde mulighed for at komme, så af ren og skær skuffelse endte jeg med at aflyse. Jeg tog så til valgfest i Socialisternes Hus, hvor jeg som sædvanlig gik i et med tapetet, druknede i mængden og mest sad for mig selv uden at snakke med nogen. Aftenen endte med, at jeg gik på McDonald's og tog natbussen hjem.

Min opstilling til valg forventede jeg skulle være et højdepunkt i mit liv, for længere mente jeg ikke, at jeg ville være i stand til at nå i min tilværelse. Jeg ville fejres, fordi jeg var nået så langt i forhold til mit udgangspunkt, og jeg ville have anderkendelse fra dem, der tidligere blot havde kuet mig ned. Min opstilling til valg endte dog ikke med fejring, anerkendelse og oprejsning, men skuffelse.

Der var noget, der gik i stykker inden i mig, da institutionen i Nørresundby også nægtede mig at komme forbi i min valgkamp. Tidligere havde institutionen nægtet mig at holde foredrag, vise film, udstille fotos, mit logo, havde de forkastet, og mine AMU kurser og HF eksamen, havde de ignoreret. Nu, hvor jeg endda på egen hånd også var nået så langt, så jeg var opstillet til valg, ville de heller ikke anerkende min indsats. Det var dråben. Jeg kunne ikke klare mere. Gennem et år sad jeg derfor mest og drak og sendte hadefulde mails til institutionen og alle andre, som havde kuet mig ned.

Mon ikke mit liv havde set anderledes ud, hvis jeg i stedet havde fået lov til at vise film, holde foredrag, føre valgkamp og var blevet rollemodel i psykiatrien? Jeg havde trods alt mine erfaringer i at kvitte tobak, skaffe mig jobs på egen hånd og på egen hånd skabe mig en tilværelse uden psykiatri men med indhold og mening, at give videre til andre psykisk syge. Jeg kunne have inspireret andre psykisk syge til at trodse psykiatriens negative forventninger og stigmatisering, så de i stedet turde bevæge sig udenfor psykiatrien, leve deres liv og udvikle sig. Mon ikke jeg havde haft det langt bedre, var kommet videre og måske havde fået indfriet min store længsel efter en ny kæreste, hvis institutionen og resten psykiatrien havde ladet mig få en positiv rolle ved at lade mig gøre brug af mine ressourcer og erfaringer? Nu sad jeg i stedet bare og drak og sendte hadefulde mails rundt i min vrede og bitterhed.

Hvor var alle mine tidligere venner og bekendte fra psykiatrien nu? De havde været der, da jeg var ung, glad og underdanig og de kunne hævde sig lidt overfor mig. Da havde jeg været omgivet af mennesker. Nu, hvor jeg havde opnået nogle ting, var der ingen glæde på mine vegne eller skulderklap. Der var dødt omkring mig.

2022 bød dog på andet end at drikke og sende hadefulde mails afsted. Jeg havde fået kontakt med Sørensen, som jeg kendte fra min ungdom gennem Peter og Niels. Han var stoppet med at drikke efter 40 år med et alkoholmisbrug og han var begyndt at synge i koret i baptistkirken. Han skrev og sang sine egne sange og spillede på guitar til. Han var med på mod betaling at give mig ugentlig guitarundervisning. Jeg spillede på min mors gamle guitar, som han havde sat nye strenge på.

Når han kom i mit hjem og underviste mig i guitar, fortalte han mig om sit lange liv, vi snakkede om fælles bekendte og han forsøgte at opmuntre mig til at stoppe med alkohol. Han havde selv fået uhelbredelig leverkræft af sine 40 år med alkohol. Jeg inviterede ham og min onkel på andesteg og efterfølgende koncert med Savage Rose på Skråen. Han tog mig med på Jazz-centret, hvor han fik undervisning i at skrive sange. En sommerdag tog vi også sammen til en udendørs koncert i Nørresundby. Vi sendte ofte mails til hinanden, som ikke kun handlede om mine problemer. Han sendte mig også sine halvfærdige sange og sangtekster og bad om min mening om dem.

Han døde året efter. Han var praktisk talt døende, mens han underviste mig i guitar, men jeg kunne intet mærke på ham. Han var livlig, talende, havde et hav af planer for fremtiden og han så ud, som han altid havde gjort, selvom han blev mere og mere tyndhåret. Aldrig tidligere har jeg mødt et menneske med en sådan livsvilje, optimisme og et sådant overskud til at rumme mine problemer, selvom han selv kæmpede mod sin dødelige sygdom. Han var et fantastisk menneske og der findes ikke mange af hans slags. Ære være hans minde.

Det var en hård tid med COVID-19 og de efterfølgende par år med store skuffelser. I alle mine vrede og hadefulde mails, som jeg sendte afsted, var der også gemt et råb om hjælp. Ikke hjælp til at få psykiatri, medicinering og indlæggelse, men lidt hjælp til selvhjælp til at skabe mig et godt liv og hjælp til at få forståelse. Hjælp til at få lov til at holde foredrag, vise film og føre valgkamp og blive rollemodel i psykiatrien. Hjælp til at komme ud og møde mennesker, så jeg kunne møde kærligheden igen, få anerkendelse for mine bedrifter og forståelse for- og en anerkendelse af de traumer, som jeg var blevet påført. Jeg sendte i hundredevis af mails og beskeder afsted til folk, men der var kun én, der hørte og besvarede mit råb om hjælp. Det var Hans.

Hans og jeg startede med at gå ture sammen i Nørresundby, men hurtigt blev vi venner og skrev sammen næsten dagligt. Ene mand formåede han ved siden af sit fuldtidsjob og familieliv at give mig den hjælp og gøre den positive forskel i mit liv, som hele flokken af ansatte i psykiatrien aldrig havde kunne. I takt med, at jeg lærte ham at kende, begyndte tingene at lykkes for mig og det blev til mere succes, mindre fiasko, og mere glæde. Han prædikede ikke for mig og ville ikke lave mig om, men han lyttede til mig, ville bruge tid sammen med mig, og hjalp mig med de konkrete ting, som jeg bad om hjælp til, og stillede sin viden og erfaring til rådighed. Han blev min bedste ven og et af de vigtigste mennesker, som jeg har mødt i mit liv. Han var også en stor inspiration for mig. Først og fremmest med sin måde at være på og fordi han er et godt menneske, men også med de spændende ting, som han beskæftigede sig med i sin fritid og i sit arbejdsliv.

En dag i marts 2023 gik jeg en længere tur rundt i Nørresundby og omegn. Udenfor Lidl i Nørresundby var der en fremmed slank, midaldrende mand med en sort hue og en gravhund, der råbte til mig. Jeg vidste ikke, hvem han var, men jeg gik da hen til ham. Han kunne kende mig og begyndte at snakke til mig om nogle vandreture, vi havde været på, og om støttecentret i socialpsykiatrien. Pludselig kunne jeg genkende hans stemme og det gik om for mig, at han var Søren, som jeg sidst havde set i socialpsykiatrien for 15 år siden. Han havde stadig sin kæreste, men de boede hver for sig, og han havde købt et sommerhus, som han boede i. Jeg skyndte mig at foreslå, at vi udvekslede telefonnumre, så vi kunne holde kontakten.

Søren og jeg endte med at genoptage vores venskab og de to bedste dage, som jeg havde i 2023, var i hans selskab. Det var to gode sommerdage uden bekymringer, hvor alt var godt. Den ene dag cyklede vi 60 km fra Nørresundby til Lønstrup og var godt ømme men opløftede, da vi nåede frem. Den anden gang var en sommeraften og sommernat, hvor vi sad på altanen i hans kærestes dejlige lejlighed, hørte musik og drak specialøl i solnedgangen.

Den sidste gang, jeg viste mig i baptistkirken, havde jeg Søren og Sørens kæreste med. Vi sad til fællesspisning i kirken. Ingolf, der tidligere ville give mig sit aflagte tøj, som om jeg tog imod almisser fra de rige, men ikke ville drikke kaffe hos mig eller være ven med mig, begyndte at snakke til Søren. Bo, der flere gange tidligere havde omtalt mig som værende psykisk syg i alles påhør og spurgt mig efter, om jeg var bruger af et psykiatrisk værested, hvor vi rent faktisk begge uden held havde søgt det samme job som ansat, snakkede til Søren. Jeg blev irriteret over, at de sad og snakkede til mine venner som om, at alt var godt, når de ikke havde behandlet mig ordentligt. Derfor sagde jeg til Søren, "at jeg ikke troede på ham Jesus". Det fik de andre omkring bordet til at se sure ud og rynke brynene, men i kirkens vedtægter står, at alle er velkomne i kirken uanset religiøs overbevisning, politisk tilhørsforhold eller seksuel orientering.

Gunnar, der boede tæt på mig og havde bil, kom i baptistkirken. Gennem et helt år havde jeg jævnligt sendt ham beskeder, hvori jeg bad ham om kørelejlighed til gudstjenester og arrangementer i kirken, og hver gang nægtede han mig kørelejlighed med en dum undskyldning. Da året var gået, kopierede jeg alle hans dumme undskyldninger ind i en mail, som jeg sendte rundt til forkellige fra menigheden, og jeg skrev, at jeg ikke syntes, at de skulle hjælpe ham med noget, når han ikke ville hjælpe mig. Så ringede et ledende medlem af menigheden til mig og skældte mig ud, fordi jeg havde sendt den mail rundt.

Jeg undrede mig over, at han reagerede på netop den mail, for jeg havde sendt ham andre mails, hvor jeg fortalte ham om nogle problemer, jeg havde, og hvor jeg bad om hans hjælp, men disse mails havde han ikke gidet svare på.

Da jeg samme år vanen tro ville opstille til menighedsvalg i kirken for at vise mit værd, fik jeg en mail fra samme ledende medlem af menigheden, hvori der stod, at det ikke gav mening, at jeg opstillede til menighedsråd eller udvalg i kirken, da min tro var uforenelig med kirkens. Så så jeg ingen grund til at bruge mere tid på baptistkirken. Heller ikke selvom der i kirkens vedtægter står, at alle er velkomne i kirken uanset tro.

Når jeg tænker på mit bekendtskab med baptistkirken, er jeg da glad for, at jeg lærte Carl og et ældre ægtepar at kende, men ellers har jeg kun dårligt at sige om kirken.

I 2023 var jeg stoppet som motionist i bokseklubben og overgået til at blive passiv medlem. Årene med COVID-19, øl og overvægt havde gjort det for svært for mig at boksetræne. I stedet købte jeg en mountainbike og begyndte at køre på mountainbike sporet bagved min bopæl. Min far, der havde troet, at han var for gammel til at køre på mountainbike, opdagede, at han var ret god til at køre på mountainbike, og det vakte stor glæde i hele familien. Hurtigt købte min far en mountainbike og cyklede sammen med mig. Vi syntes, at vores cykling gik så godt, så vi ville starte en lille MTB klub. Søren købte en mountainbike og kom med i klubben og min nye bedste ven Hans endte også med at købe en mountainbike og komme med i klubben. Min ældste søster, der er grafisk designer, designede et logo til vores lille klub. Til ære for Mette og Mettes og min indforståede humor og kærlighed, døbte jeg MTB klubben "Bamses cykelklub". Mette og mig kalder nemlig hinanden for bamse.

Jeg var jo vred og bitter over manglende anderkendelse og alle afvisningerne fra venner, bekendte og ansatte i psykiatrien og derfor besluttede jeg mig for selv at skaffe mig den manglende anerkendelse. Jeg indstillede derfor mig selv til Aalborg kommunes handicappris for min hjælp til psykisk syge gennem årene. Jeg havde jo bl.a. også hjulpet Didrik og givet flere andre psykisk syge andet livsindhold end psykiatri og ladet dem møde mennesker og tage del i aktiviteter udenfor psykiatrien. Bl.a. vandreture, sommerhusture, koncerter, undervisning og politiske ting, havde jeg ladet dem tage del i. Jeg blev også nomineret til prisen, men der opstod det tekniske problem, at man ikke kunne indstille sig selv til prisen. Det problem blev dog løst ved, at en af mine venner påtog sig rollen som indstiller af mig.

D. 5. december 2023 blev jeg og to ledsagere så indbudt til prisuddeling af Aalborg kommunes handicappris. Mine venner Hans og Søren ledsagede mig. Prisuddelingen fandt sted, hvor et kommunalt tilbud havde til huse, der blev serveret lidt snacks og sodavand og et lille orkester af brugere fra det kommunale tilbud spillede og sang. TV Nord var tilstede og rådmanden fra job- og velfærd forvaltningen var tilstede og skulle overrække prisen. Vi var to, der var nomineret til prisen. Jeg fik ikke prisen, men kom på anden pladsen. Rådmanden holdte dog en tale for mig og jeg fik et diplom og en buket blomster, fordi jeg var blevet nomineret. Der kom også et kort glimt af mig i TV Nord og jeg kom på Aalborg kommunes hjemmeside. Efter prisuddelingen holdte jeg en julefrokost for flere af mine venner i mit hjem.

Jeg kastede mig ud i nye projekter. På Hans' opfordring begyndte jeg at lave min egen blog på nettet. I første omgang skrev jeg om mine erfaringer med at udfolde mig kreativt, men siden skrev jeg bare om det, der faldt mig ind og jeg havde lyst til at dele. Jeg blev trofast ved med at skrive til min blog i de følgende år og nu jeg har snart skrevet de første 200 indlæg til bloggen.

Jeg ansøgte også i 2023 om at blive optaget på Ordkraft Skriveskole. Jeg blev dog kasseret, men vi, der var blevet kasseret, fik alle at vide, at vi KUNNE skrive og vi fik lov til at låne et lokale i medborgerhuset i Aalborg, hvor vi kunne undervise hinanden. De andre var meget talentfulde og gav mig god respons på min blog, mine digte og mine tre bøger. Efter bedste evne gav jeg også dem respons på deres tekster. Flere af os faldt fra, men vi er en kerne på tre personer, der bliver ved med at holde kontakten og støtte hinanden i vores forfatter-drømme. Det har været meget inspirerende at lære dem at kende og stifte bekendtskab med lidt af deres livshistorie.

I april 2024 begyndte jeg at gå til minigolf for at komme lidt mere hjemmefra. Minigolf er en hyggelig, social og også udfordrende sport. Mette og jeg havde flere gange i årenes løb taget et spil minigolf, men i 2024 meldte jeg mig så ind i minigolfklubben. De bedste dage i 2024 var de sommerdage med solskin, hvor jeg var på minigolfbanen. De andre medlemmer af klubben tog godt imod mig, var meget venlige og fleksible og lånte mig minigolf kølle og bolde, så jeg kunne bruge minigolfbanen, når jeg havde lyst. Både alene, sammen med familie og venner og sammen med andre fra klubben. Selvom jeg kun spillede minigolf for sjov, gjorde jeg hurtigt fremskridt med sporten, men de andre fra klubben var også dygtige til at lære fra sig.

I 2024 udmeldte jeg mig af KP og alt politik, da mit politiske arbejde gennem 23 år dybest set havde været en blandet oplevelse. Mine holdninger er stort set de samme, som de altid har været, men jeg er da blevet lidt blødere med alderen. Jeg fortryder ikke mit politiske engagement gennem årene og de erfaringer, oplevelser og færdigheder, det gav mig, men jeg savner heller ikke politik. Gennem politik fik jeg mange bekendte og enkelte nære venner. Personligt gjorde jeg ikke den store forskel politisk, men jeg var med til at trække det store læs og holde maskineriet i gang.

Allerede i 2022 havde Hans foreslået mig at stoppe med at drikke alkohol, ligesom Sørensen også havde gjort. Hans mente, at der ville ske gode ting i mit liv, hvis jeg stoppede med alkohol.

Jeg havde ikke troet, at det ville være muligt for mig at skrotte alkohol, men jeg endte med at skrotte alkohol udelukkende ved egen hjælp, ligesom jeg tidligere havde skrottet tobak udelukkende ved egen hjælp. D. 1. 6. 2024 drak jeg mit sidste glas vin til bokseklubbens sommerfest og jeg har været ædru siden.

Som Hans havde forudsagt, begyndte der også at ske gode ting, da jeg blev ædru. Mit humør blev mere ensartet uden så store udsving, jeg fik flere gode dage og jeg blev mere nærværende, når jeg var sammen med Mette. Jeg oplevede, at Mette og jeg kom tættere på hinanden. Hun oplevede, at det var dejligt, at jeg ikke snakkede om øl hele tiden, og dejligt, at jeg havde det bedre. Jeg var også glad for, at jeg slap for at have tømmermænd og slap for at være beruset og miste lidt af min dømmekraft.

Samtidig med, at jeg skrottede alkohol, begyndte jeg også at spise meget sundere og kigge på varernes fedtprocenter, når jeg handlede ind. Derved tabte jeg mig et par kilo, men jeg sænkede også mit kolesterol niveau, så jeg undgik kolesterol medicin. Jeg tog en prøvetime til boksning og jeg opdagede, at jeg faktisk kunne holde til at boksetræne igen. Hurtigt ændrede jeg mit medlemsskab af bokseklubben fra passiv medlem til motionsbokser. Til boksetræningen gik det så godt, så jeg kunne klare en times hård træning igen. Sidst, jeg kunne klare det, var i 2019.

Hvis jeg dengang, da jeg var en stor dreng og psykiatrien tog mine håb for livet fra mig og lagde mit liv i ruiner, havde vidst, hvilke oplevelser jeg alligevel ville få i livet og hvilke mål jeg alligevel ville nå i livet, var jeg blevet henrykt. Måske havde jeg så endda også været tilfreds med mit liv. Gennem livet flyttede jeg mig dog så langt fra mit dårlige udgangspunkt og satte mig nye mål og nye standarder, så det alligevel blev svært at være tilfreds.

Sammenligner jeg mit liv med psykiatriens forudsigelser af mit liv, kan jeg kun konkludere, at INGEN (og slet ikke psykiatrien) kender fremtiden og at ALT ER MULIGT. Jeg kom jo ikke til at bo på en psykiatrisk institution og mit liv blev meget andet end psykiatri. Mit liv blev på trods af det hele indholdsrigt med mange oplevelser og erfaringer. Selvom jeg bestemt har mine fejl og mangler, fik jeg opbygget en formidabel viljestyrke, kom til at gøre en god forskel i mange menneskers liv og jeg nåede da også et stykke vej frem med uddannelse, job, politik, kærlighed, venskab og indenfor andre områder. Psykiatriens stigmatisering af mig som middelmådigt begavet, kom jeg også udover.

Min historie sætter spørgsmålstegn ved psykiatriens berettigelse og viser, hvordan psykiatrien gør skade i stedet for at gøre gavn. Rummelighed, gode relationer, gode oplevelser, fred og ro og forebyggelse må kunne træde i stedet for psykiatri et godt stykke hen ad vejen. Nogle tilstande kræver naturligvis at blive dæmpet/bedøvet med medicin. Efter min mening er medicin dog en "dræber", som kun bør være en sidste udvej og ikke standard svaret på alt, som det er tilfældet nu.

Du har kun ét liv, så kæmp for det, du selv vil, tag dine egne beslutninger og bevæg dig ud i verden, i stedet for at lade psykiatrien sætte dit liv på pause og berøve dig dine muligheder for at udvikle dig. Et helt liv levet indenfor psykiatrien udløser ikke en gevinst eller tak fra samfundet. Ofte medfører det bare en tidlig død i 60-års alderen af overmedicinering, livsstil og inaktivitet. Så lyt til dig selv, bevæg dig ud i det rigtige liv og forfølg dine drømme !

Nu er jeg glad meget af tiden og jeg har en hverdag, der er fyldt ud med skrivning, boksning, minigolf, mountainbike, ugentlige besøg af Mette, der hver anden uge også overnatter hos mig, ugentlige besøg af min mor og far og jævnligt samvær med mine andre venner. Jeg går stadig til koncerter i ny og næ. Håb og drømme for fremtiden har jeg også stadig.

Uden min mors og fars trofaste hjælp, havde jeg ikke klaret dette liv, så den største tak til jer. Tak til Mette og Hans. Det var uvurderligt at møde jer.

Min blog kan du læse på: mathiashjortjensen.substack.com

Vil du booke mig til et foredrag, så kontakt mig på mail : mathiashjortjensen@icloud.com

Alt er muligt

© Mathias Hjort Jensen

ISBN: 978-87-7691-835-4

Omslag: Max Elgarat
Layout: Max Elgarat
Korrektur: Max Elgarat, Hans Hyttel.

Nørresundby, juni 2025

mathiashjortjensen.substack.com

mathiashjortjensen@icloud.com

Forlag: BoD · Books on Demand,
Strandvejen 100, 2900 Hellerup, bod@bod.dk
Tryk: Libri Plureos GmbH,
Friedensallee 273, 22763 Hamborg, Tyskland

FSC
www.fsc.org
MIX
Papir fra ansvarlige kilder
Paper from responsible sources
FSC® C105338